Leo

Silvia Heredia de Velázquez

Leo

A pesar de haber puesto el máximo cuidado en la redacción de esta obra, el autor o el editor no pueden en modo alguno responsabilizarse por las informaciones (fórmulas, recetas, técnicas, etc.) vertidas en el texto. Se aconseja, en el caso de problemas específicos —a menudo únicos— de cada lector en particular, que se consulte con una persona cualificada para obtener las informaciones más completas, más exactas y lo más actualizadas posible. EDITORIAL DE VECCHI, S. A. U.

El editor agradece a Rudy Stauder, director de Astra, su valiosa colaboración.

Traducción de Maria Àngels Pujol i Foyo.

Diseño gráfico de la cubierta: © YES.

Fotografías de la cubierta: © Andrew Parrish/Getty Images.

© Editorial De Vecchi, S. A. 2019
© [2019] Confidential Concepts International Ltd., Ireland
Subsidiary company of Confidential Concepts Inc, USA
ISBN: 978-1-64461-394-8

El Código Penal vigente dispone: «Será castigado con la pena de prisión de seis meses a dos años o de multa de seis a veinticuatro meses quien, con ánimo de lucro y en perjuicio de tercero, reproduzca, plagie, distribuya o comunique públicamente, en todo o en parte, una obra literaria, artística o científica, o su transformación, interpretación o ejecución artística fijada en cualquier tipo de soporte o comunicada a través de cualquier medio, sin la autorización de los titulares de los correspondientes derechos de propiedad intelectual o de sus cesionarios. La misma pena se impondrá a quien intencionadamente importe, exporte o almacene ejemplares de dichas obras o producciones o ejecuciones sin la referida autorización». (Artículo 270)

Índice

Introducción 11

PRIMERA PARTE: CUESTIONES GENERALES

Mitología y simbolismo 15
¿Está seguro de pertenecer al signo Leo? 19
Psicología y características del signo 23
   La personalidad 23
   El niño Leo 25
   La mujer Leo 26
   El hombre Leo 28
   La amistad 29
   Evolución 30
   La casa 32
   Las aficiones 33
   Regalos 33

Estudios y profesión 35
   Estudios ideales 35
   Salidas profesionales 36
   Dinero 38

El amor 39
   La mujer Leo 39
   El hombre Leo 41

Relaciones con los demás signos: las parejas . . . 42
    Leo - Aries 42
    Leo - Tauro. 43
    Leo - Géminis. 43
    Leo - Cáncer. 44
    Leo - Leo 44
    Leo - Virgo 45
    Leo - Libra 45
    Leo - Escorpio. 46
    Leo - Sagitario. 46
    Leo - Capricornio. 47
    Leo - Acuario 47
    Leo - Piscis. 48
Cómo conquistar a Leo. 48
    A una mujer Leo 48
    A un hombre Leo 49
Cómo romper con Leo 50
    Con una mujer Leo 50
    Con un hombre Leo 50

La salud 51

Ficha del signo. 53

Personajes famosos que pertenecen a este signo . . . 55

SEGUNDA PARTE: EL ASCENDENTE

Cómo calcular el ascendente 59
    Cálculo del ascendente. 60

Si es Leo con ascendente… 73
    Leo con ascendente Aries 73
    Leo con ascendente Tauro 73
    Leo con ascendente Géminis 74
    Leo con ascendente Cáncer. 75

Leo con ascendente Leo	75
Leo con ascendente Virgo	76
Leo con ascendente Libra	77
Leo con ascendente Escorpio.	77
Leo con ascendente Sagitario	78
Leo con ascendente Capricornio	78
Leo con ascendente Acuario	79
Leo con ascendente Piscis.	79

Tercera parte: PREVISIONES PARA 2019

Previsiones para Leo en 2019	83
Vida amorosa	83
Enero.	83
Febrero	83
Marzo	84
Abril	84
Mayo.	84
Junio	85
Julio	85
Agosto.	86
Septiembre.	86
Octubre	86
Noviembre	87
Diciembre	87
Para la mujer Leo.	88
Para el hombre Leo	88
Salud	88
Primer trimestre.	88
Segundo trimestre	89
Tercer trimestre	90
Cuarto trimestre.	90
Economía y vida laboral.	91
Primer trimestre.	91

    Segundo trimestre 92
    Tercer trimestre 92
    Cuarto trimestre................... 93

Vida familiar 93
    Primer trimestre................... 93
    Segundo trimestre 94
    Tercer trimestre 95
    Cuarto trimestre................... 95

Introducción

> *El nacido bajo el signo de Leo debe, porque así es su naturaleza, elevarse más ardientemente que cualquier otro hacia la síntesis de la comprensión, aprovechar el magnetismo solar que lo impregna especialmente y acercarse a la perfección que simboliza este astro.*
>
> LOUIS POINSOT

Si me preguntan por qué he escogido dedicarme al signo de Leo, mi respuesta más inmediata, que deriva del conocimiento tradicional, podría ser: porque es el más noble.

Pero, aunque es adecuada, es bastante genérica y un poco presuntuosa, puesto que yo poseo más del cincuenta por ciento de las características astrológicas de este signo.

La verdad es que creo que lo conozco todo sobre los Leo porque me ha sido necesario, debido a la dificultad inicial para poder comunicarme con los nativos de este signo. Naturalmente, no me sirvieron de nada las garantías de que todos los nativos de Leo son demasiado orgullosos, poco amantes de las confidencias y con un escaso interés en todo aquello que no fuera racional.

Entonces, me decidí a estudiar el porqué de esta actitud de desconfianza preconcebida o de tanta originalidad deslucida.

Poco a poco descubrí la puerta de acceso para entrar en la lógica íntima de estos personajes: era yo el que tenía la obligación de ponerme a su altura si quería entrar en su mundo, el que debía dar ese salto de calidad intelectual si tenía la intención de entenderles y examinarles.

Me di cuenta entonces, con verdadera alegría y un entusiasmo progresivo, que eran ellos los que me enriquecían. La conclusión fue que los que frecuentan a los nativos de Leo están destinados a progresar tanto espiritual como materialmente, porque su forma de pensar, y aún más su manera de vivir y de actuar, está totalmente orientada hacia la mejora: trabajan para el progreso humano, las conquistas sociales, la nobleza de los valores, la exaltación de la belleza, la riqueza y la abundancia. Además, saben moverse con desenvoltura en la modernidad más noble y más exquisita.

Actualmente, tengo que agradecerles que me hayan permitido y ayudado a comprender los entresijos más escondidos de sus rasgos personales.

Ahora, cada vez que me encuentro a una nuevo nativo del signo de Leo, todo resulta mucho más fácil: la conversación se abre enseguida y se desliza hacia problemas más interesantes. El análisis se desarrolla perfectamente y los resultados me llenan de entusiasmo porque se afrontan con un respeto recíproco en busca de una resolución mejor.

Además, he entablado una relación de entendimiento mutuo y de máxima confianza con todos los nativos de Leo que he conocido, repleta de gratificantes confirmaciones, una sensación que aprecio mucho porque proviene de personas cuya seriedad es indiscutible.

Por lo tanto, junto con esta obra me gustaría ofrecer a los amigos del signo de Leo mis mejores deseos para que continúen siendo como son: seriamente simpáticos.

SILVIA HEREDIA DE VELÁZQUEZ

Primera parte

CUESTIONES GENERALES

Mitología y simbolismo

Tanto en el conocimiento astrológico como en las antiguas disciplinas y en la tradición popular, el signo de Leo ha simbolizado siempre la otra magnificencia, el esplendor fulgente y la potencia del yo.

Fuertemente unido al Sol, siempre se ha reconocido como el signo central, en analogía con el gran corazón universal, donde se concentra e irradia toda la energía cósmica y astral. En ese Sol se encuentra fácilmente como un punto de referencia: corazón, orden, amor, autoconsciencia, fuego central, plexo solar.

En la India es el *Surya*: Sol y fuego de todo el mundo celeste. También Krishna representa el fuego como llama vital: «Yo soy el fuego que reside en los cuerpos de todas las cosas que tienen vida». En las antiguas tradiciones indias encontramos la era de Leo como la más bella, en la que tuvo lugar la encarnación de Visnú y el periodo de éxito total en las batallas contra los enemigos.

En la mitología griega, la era de Leo se corresponde con la de los semidioses, caracterizada por los trabajos de Hércules, que posteriormente se convirtió también en el arquetipo del signo.

El signo de Leo se entiende sobre todo como signo humano en su noble totalidad. De hecho, en las grandes eras gobernadas por las constelaciones, la de Leo se remonta a hace aproximadamente diez mil años, precisamente en el periodo de aparición de la agricultura. En la antigua religión iraní del mazdeísmo o zoroastrismo, el fuego solar custodiado por los leones en el centro del templo se representaba como la luz divina que se proyecta en el alma humana.

En las sagradas escrituras de muchas religiones antiguas encontramos a menudo fragmentos referidos a Leo como fuego solar; la figura de Sansón con su larga melena, emblema de la llama y de los rayos solares, pertenece también a Leo.

El signo de Leo constituye especialmente una fuerza al servicio de la justicia y de las leyes divinas: nos encontramos a menudo en representaciones artísticas y simbólicas a Leo como depositario de leyes y mandatos.

Incluso en la representación esotérica y religiosa, Leo siempre se ha visto como guardián y defensor del bien, hasta el punto de que San Carlos Borromeo aconsejaba y ordenaba colocar estatuas de leones como guardianes de las iglesias y de los lugares sagrados.

El signo de Leo es reconocido como el del éxito, los compromisos cumplidos, el progreso humano, el orden y la justicia; en su faceta negativa, se le puede encontrar en los defectos humanos: exageración, orgullo manifiesto, arribismo social, opresión y explotación de los débiles y de los pobres de espíritu. Por esta última razón, también se le puede identificar en la representación artística y arquetípica como el fuego de orgullo y la llama de la ira destructora.

También el diablo está representado a menudo con facciones de león; dice San Pedro: «Debéis ser sobrios y vigilar al diablo, vuestro adversario que se agita como un rugiente león buscando qué devorar».

En la representación cartomántica del signo de Leo se emparejan los siguientes naipes: La Fuerza, representada con apariencia femenina y que abre con extrema facilidad las fauces del león rugiente; el Sol, como astro gobernador del signo que irradia vida sobre cualquier cosa de la Tierra y, en concreto, sobre la pareja de humanos en su unión, y el Mundo, en el que, en representación de los animales, el león aparece en todo momento en el primer nivel, en su posición real.

También las cartas de la Justicia, de la Fortuna, del Triunfo y del Papa están relacionadas con el signo de Leo.

Sabemos que en cada signo existe también una parte de los demás, pero el componente solar de Leo se encuentra más marcado por todos los lugares, precisamente por ese elemento solar que lo distingue.

Además, en el área del Mediterráneo, es fácil encontrar una abundante documentación artística sobre este símbolo porque también se relaciona con el evangelista Marcos.

La representación de Leo también se encuentra muy presente en las llamadas artes menores, como las miniaturas, los tapices, las telas y los ornamentos sagrados.

Muchos personajes históricos se han relacionado con este signo, como el papa León X, estudioso de la astrología, que se apoderó del símbolo de Leo.

Cuando en 1520 encargó al taller de Rafael un tema astrológico para la bóveda de la sala de los pontífices, los autores resaltaron ampliamente las constelaciones y, como podemos admirar todavía hoy, entre todas ellas sobresale la de Leo, que con el Apolo solar resalta y magnifica aún más la obra.

Otra representación pictórica muy significativa se encuentra en la iglesia de San Lorenzo en Florencia: aquí, la pequeña cúpula de la Sacristía Vieja de Brunelleschi está pintada al fresco con un maravilloso mapa del cielo, con el Sol en el signo de Cáncer, lo que confirma la fecha del 4 de julio de 1442, día de la consagración del magnífico altar.

Pero también en esta obra aparece de forma destacada, en primer plano, el signo de Leo con toda su fiereza y elegancia, como si el autor hubiera querido reforzarla y embellecerla precisamente con esta constelación.

También Giorgio Vasari se ocupó de la astrología en sus múltiples trabajos artísticos: todavía hoy se pueden admirar los frescos pintados en su propia casa de Arezzo con temas astrológicos. De hecho, aparecen las diferentes constelaciones de los signos zodiacales, el universo entonces conocido, los astros y las representaciones míticas relacionadas con ellos, pero sobre todo se otorga un gran espacio y un relieve máximo a las luces, al Sol y al signo de Leo, como virtud y triunfo, emparejado con la fortuna como realización humana.

También Vanosino, quizás el pintor más experto del siglo XVI en decorar mapas celestes, resaltó ampliamente la constelación de Leo. La atenta observación de la bóveda de la sala del mapa del mundo en el palacio Farnese nos deja extasiados por su magnificencia, y también aquí sobresale, de la forma más abundante y destacada, el signo de Leo.

Son infinitas las obras que recuerdan al signo de Leo; en casi todas las plazas, edificios y centros artísticos podemos encontrar representaciones relacionadas con este símbolo, tanto en su forma animal como en la representación más artística del mundo astrológico, sobre estatuas, capiteles, fuentes y testimonios históricos.

¿Está seguro de pertenecer al signo Leo?

Si ha nacido el 22, el 23 o el 24 de julio puede verificarlo en la siguiente tabla que muestra el momento de la entrada del Sol en el signo desde 1904 hasta 2010. Los datos se refieren a las horas 0 de Greenwich. Para los nacidos en España, es necesario añadir una o dos horas al horario indicado (véase la tabla de las páginas 63-66).

día	hora	min
23.7.1904	7	10
23.7.1905	13	15
23.7.1906	19	30
24.7.1907	1	25
23.7.1908	7	10
23.7.1909	12	50
23.7.1910	18	44
24.7.1911	0	20
23.7.1912	6	20
23.7.1913	13	3
23.7.1914	17	50
23.7.1915	23	25
23.7.1916	5	15
23.7.1917	11	10
23.7.1918	15	50
23.7.1919	22	45

día	hora	min
23.7.1920	4	35
23.7.1921	10	30
23.7.1922	16	20
23.7.1923	22	0
23.7.1924	3	58
23.7.1925	9	40
23.7.1926	15	25
23.7.1927	21	15
23.7.1928	3	5
23.7.1929	8	50
23.7.1930	14	42
23.7.1931	20	25
23.7.1932	2	15
23.7.1933	8	5
23.7.1934	12	25
23.7.1935	19	35
23.7.1936	1	15
23.7.1937	7	5
23.7.1938	13	0
23.7.1939	19	35
23.7.1940	0	35
23.7.1941	6	25
23.7.1942	12	10
23.7.1943	18	5
23.7.1944	23	58
23.7.1945	5	40
23.7.1946	11	35
23.7.1947	17	15
22.7.1948	23	10
23.7.1949	5	0
23.7.1950	10	30
23.7.1951	16	20

día	hora	min
22.7.1952	22	10
23.7.1953	3	50
23.7.1954	9	45
23.7.1955	15	25
23.7.1956	21	20
23.7.1957	3	15
23.7.1958	8	50
23.7.1959	14	45
22.7.1960	20	35
23.7.1961	2	25
23.7.1962	8	17
23.7.1963	13	32
22.7.1964	19	52
23.7.1965	1	50
23.7.1966	7	27
23.7.1967	13	18
22.7.1968	14	58
23.7.1969	0	49
23.7.1970	6	32
23.7.1971	12	15
22.7.1972	18	2
22.7.1973	23	57
23.7.1974	5	32
23.7.1975	11	30
22.7.1976	17	27
22.7.1977	23	5
23.7.1978	5	2
23.7.1979	10	50
22.7.1980	16	40
22.7.1981	22	35
23.7.1982	4	15
23.7.1983	10	35

día	hora	min
22.7.1984	15	57
22.7.1985	21	35
23.7.1986	3	25
23.7.1987	9	7
22.7.1988	14	55
22.7.1989	19	32
23.7.1990	2	25
23.7.1991	8	15
22.7.1992	14	8
22.7.1993	18	45
23.7.1994	1	43
23.7.1995	7	32
22.7.1996	13	20
22.7.1997	19	8
23.7.1998	0	48
23.7.1999	7	3
22.7.2000	12	40
22.7.2001	18	27
23.7.2002	0	15
23.7.2003	6	5
22.7.2004	11	51
22.7.2005	17	42
22.7.2006	23	19
23.7.2007	7	1
22.7.2008	12	56
22.7.2009	16	37
22.7.2010	22	22

Psicología y características del signo

La personalidad

Los nacidos bajo el signo de Leo obedecen a las leyes naturales impuestas por el Sol; por esa razón, son activos, exuberantes y generalmente orgullosos de sus condiciones existenciales. Sin embargo, necesitan una corte, un grupo, un apoyo para realizarse. Sus ideas, siempre brillantes no llegarían a realizarse si alguien no las concretara.

Los Leo son incluso demasiado activos, pero su vitalidad no genera confusión; producen movimiento en su ambiente personal y laboral, y puesto que consideran este como su reino por una concesión natural, parecen a veces posesivos, invasores y, en algunos casos, incluso tiránicos.

El orgullo del que a veces se les acusa es en realidad amor y apego por las personas y las cosas que les pertenecen. Su vida es una acumulación continua de riquezas materiales, profesionalidad y prestigio social. Por ello, a veces se les tacha de egoístas; en realidad, acumulan para dar y, cuando deciden hacerlo, son muy generosos.

Sin embargo, nunca hay déficits en sus balances porque siempre quieren ser ricos y posesivos, venerados y admirados. Para ellos, la miseria y las estrecheces son las desgracias más grandes que le pueden suceder al hombre, en homenaje a la máxima que dice: «Quien se encuentra por encima de los demás no tiene que rendir cuentas a nadie».

La consideración de los demás es para ellos un néctar vital; ignorarlos significa ofenderlos, dejarlos de lado implica humillarlos en sus sentimientos más profundos. Pero esto difícilmente les sucede porque sus intuiciones son fuertes, sienten y perciben lo que pasa a su alrededor y saben escrutar incluso en la intimidad de los individuos.

La confianza en sí mismos los hace ser optimistas respecto a la vida y el prójimo; esta es la razón por la que intentan no equivocarse nunca y evitar los desafíos o los fracasos, incluso los pequeños, que para ellos son humillaciones profundas que afectan a su orgullo de forma devastadora.

Su constante laboriosidad hace que a menudo se vuelvan irascibles y gruñones con los ineptos y los vagos; por esta razón intentarán alejarlos lo antes posible sin darles muchas alternativas.

Son muy altruistas con aquellos que están bajo su jurisdicción, pero es aconsejable pedirles ayuda en primer lugar con la máxima discreción, sin lamentaciones ni lloriqueos. Los inútiles y los pobres de espíritu no son dignos de consideración: «Al fin y al cabo están destinados a sucumbir».

Los nativos de este signo intentan ser modernos y estar informados de todo; se visten y se arreglan siempre a la última moda, pues quieren ser elegantes sin llegar a la extravagancia.

El estudio y el trabajo pesados y excesivos les asusta, pero no intentan eludir sus deberes, sino que desean hacer lo mínimo indispensable y obtener el máximo rendimiento. Esforzarse puede estar bien durante un tiempo, pero no para siempre, pues de otra forma denotaría una mala organización que conviene corregir de alguna manera.

Todo lo que hagan estará siempre bien calculado y muy poco improvisado: antes que parecer ignorantes y de condición humilde utilizarán su intuición para inventarse algo.

Sus ambiciones los llevan a menudo a ocupar cargos y posiciones de responsabilidad y dirección, o por lo menos a ser jefes en algo; debido a estos éxitos se les considera a menudo arribistas, exagerados y demasiado interesados en el éxito y las apariencias.

Aunque buscan continuamente las responsabilidades, en el fondo estas les pesan demasiado porque tienen miedo al fracaso y a veces vuelcan sus aprensiones sobre sus seres queridos y las personas cercanas. Por esta razón, siempre necesitan algún confidente, aunque sólo les escuche sin darles demasiados consejos.

En casa son afectuosos, interesados y siempre están presentes en los problemas familiares, aunque parecen algo aburridos con sus consejos y sugerencias. No soportan las calumnias, las falsedades y los chismes; los encuentran estúpidos e inútiles, especialmente cuando provienen de gente mezquina que se conforta con celos cobardes.

En cambio, aprecian a los adversarios capacitados y, como tienen un gran espíritu de observación y autocrítica, miran continuamente a su alrededor para copiar lo mejor e incluso estarán preparados para cambiar de opinión cuando esto les resulte favorable.

Su objetivo será siempre el de saber crear una personalidad carismática, que lidere cualquier sector o ambiente en el que se encuentre, con la convicción de que siempre es necesario que haya un dirigente.

El niño Leo

Los pequeños Leo nacen, como todos los niños, dotados sólo de las posibilidades naturales, pero tienen que despabilarse enseguida porque están destinados a alcanzar grandes objetivos.

Esta es la razón por la que necesitan la plena dedicación de sus padres: son frágiles y viven la infancia entre violentas alegrías y miedos confusos.

Dotados de una alta sensibilidad intuitiva, que quizá se atenuará al crecer, captan como verdaderos sensores los humores y las tensiones del ambiente en el que viven; necesitan la aportación positiva de todos los componentes de la familia, animales incluidos, y la armonía del ambiente en el que viven es para ellos como un plasma vital.

Si es así crecerán afectuosos, desenvueltos y voluntariosos; sus fantasías y sus curiosas intromisiones serán como presagios seguros de un futuro brillante. Esas ganas de saber, esa inventiva al hacer, y a menudo al deshacer, son las características que llaman la atención a primera vista.

Debido a estas características, no son necesarios reclamos exagerados y menos aún castigos rígidos, pues de otro modo se arriesgan a crecer a la sombra de una infancia que nunca han tenido.

En los estudios son buenos porque poseen una inteligencia despierta, pero requieren un seguimiento atento para implicarlos en el estudio de la manera que sea, pues están llenos de inocencia y consciencia a la vez, lo que les lleva a distraerse con facilidad.

Puesto que siempre están interesados en tantas cosas, a veces puede costarles seguir una disciplina o una escuela correcta, pero en cuanto cogen el camino apropiado, los resultados son sorprendentes y las satisfacciones considerables.

La mujer Leo

Altivas, decididas y siempre elegantes, las mujeres nativas de Leo se reconocen incluso por la calle y consiguen suscitar siempre la admiración y el respeto por su distinguida manera de caminar y de marcar las distancias con el prójimo, que infunde incluso un cierto temor respetuoso. Sin embargo, las atenciones y los galanteos son para ellas como las candilejas: las iluminan y las hacen brillar. Aparecerán a menudo a los ojos de los comunes mortales como princesas de otros tiempos trasladadas a un mundo moderno.

Su deseo de exclusividad las lleva a hacer pocas concesiones y a seleccionar bien a sus candidatos.

En la vida social y en el ambiente laboral son siempre correctas; se las aprecia, pero sobre todo se las quiere por la reserva y nobleza que las caracteriza en el tratamiento de los asuntos mundanos. Aunque su destino sea de naturaleza sencilla, conseguirán mostrarse igualmente como grandes señoras.

Su reino es la casa, donde imperan; la arreglan y gestionan según esquemas rígidos, siempre dirigidos a la atención de las eventuales visitas.

Orgullosas de sus hijos, los cuidan y crían, pero sobre todo les dan una enseñanza orientada hacia el éxito.

Mantienen sus fracasos, que suelen ser pocos, secretamente escondidos para que el mundo no pueda juzgarlos o aparentan que no les importa. Por esta razón, las mujeres Leo están obligadas a veces a vivir sufriendo dramas interiores, porque no confesarán a los demás, ni siquiera a los más íntimos, sus fracasos; todo tiene que estar en orden a los ojos del mundo y las elecciones que han hecho han de ser las apropiadas; incluso, en caso de infidelidad de la pareja, son capaces de volverse «machistas» para defender a su compañero «cazador» de las murmuraciones.

El aspecto y la forma de vestir y de presentarse son siempre el resultado de una búsqueda interior que tiene que sorprender al exterior, pero que antes que nada debe satisfacer completamente su estricto juicio.

El hombre Leo

Generalmente sanos, atléticos y seductores, tienen casi siempre mucha energía para dar y regalar. Su optimismo los presenta siempre como ganadores y, gracias a esto, la vida les resulta relativamente fácil y pueden superar muchos problemas porque, según ellos, basta con saberlos afrontar. Con estas opiniones tan llenas de coraje, que a menudo rozan la inconsciencia, se encuentran con frecuencia en situaciones difíciles que afrontan sin demora ni cambios de idea y no dudan en implicar a quienes les rodean exigiéndoles mucho más de lo que ellos mismos están dispuestos a dar.

De todos modos, son leales y, aunque no lo demuestran, son muy agradecidos.

Según las perspectivas de Leo, los demás tienen que trabajar y ellos deben recoger los beneficios para luego distribuirlos. Han de ser siempre los árbitros de cada operación y relación social. Si se respetan estas reglas jerárquicas, el resultado será placentero y útil para todos. Se trata de unos directivos natos y, por ello, destinados a reclamar al deber a todos los que les rodean, incluidos los familiares.

Son pródigos en ideas, consejos e inversiones materiales, pero también quieren recibir mucho, hasta tal punto que dan la impresión de ser unos tiranos y en algunos casos unos explotadores, además de demostrar poca confianza en el prójimo.

Los hombres Leo son activos en todo, pero intentarán descargar sin piedad sobre los demás componentes de la familia los pequeños quehaceres domésticos y los problemas cotidianos.

A fin de cuentas, son honestos y siempre están a punto para sacrificarse y aparecer en calidad de hombres ejemplares por sus virtudes civiles y morales.

La amistad

La corte de Leo estará siempre repleta de amigos y conocidos importantes. Pero para ellos, la amistad es siempre un camino hacia nuevos desarrollos, y por ello debe cumplir unas condiciones muy precisas: incluso en esta relación tiene que haber un intercambio. Según su forma de pensar, siempre ha de existir una cierta distancia entre el prójimo, un común mortal, y él. Puesto que son extremadamente sociables y necesitan un público para vender y recibir admiraciones, tendrán siempre una larga lista de conocidos, bien seleccionados, y huirán de todas esas personas que están destinadas a empobrecerlos con sus miserias y malos augurios.

Para ellos, la vida es realmente el grupo, en el que cada uno tiene su propio papel y a ellos les toca el de protagonistas. De todos modos, los demás se agolparán siempre a su alrededor para entrar en su ambiente, porque realmente tienen gancho, son brillantes, simpáticos y consiguen siempre mover el entorno e inventar algo original y divertido.

Además, también tienen unas dotes artísticas que exhibirán sin problemas para divertir al prójimo, pero sobre todo para recibir aplausos.

Harán algunas objeciones sobre los amigos de la pareja y de los hijos: los conocidos de estos tienen que estar bien seleccionados y la aprobación en general pasará bajo el criterio de la clase social; han de encontrarse al mismo nivel o por encima del suyo, pero nunca pueden ser inferiores. Por ello, la pareja futura y oficial saldrá a menudo de su grupo de amistades.

De todos modos, en todas las ocasiones imperará y se manifestará la lealtad y el altruismo, especialmente cuando esté presente un aspecto humanitario.

Evolución

Los nativos de Leo poseen una intensa vida interior, porque todo lo que hacen siempre es fruto de profundas meditaciones y sufrimientos espirituales. Sus acciones tienen su origen en atentas reflexiones cerebrales, y toda su existencia está orientada a un desarrollo mejor, hasta el punto que consiguen sacar partido del sufrimiento causado por circunstancias adversas.

Siempre están preocupados por el desarrollo de sus asuntos y tienden a extremarlo todo, incluso los sentimientos; por ello, cuando surge el amor, el odio o los celos, su existencia queda marcada por pasajes dramáticos.

Almacenan cuanto les pasa y rigen su destino a partir de las experiencias vividas. Según ellos, todo lo que existe en el mundo ha sido creado para ser usado según cada ocasión y circunstancia; por lo tanto, no tienen inconvenientes en sacar provecho de algunas situaciones y llegan a considerarlo incluso un deber.

Sin embargo, no sólo tienen un fuerte espíritu altruista y es difícil que hagan daño conscientemente, sino que muchas veces se sacrifican por el prójimo.

Todo ello debe contribuir a su desarrollo: nada se puede perder o desperdiciar, cada acción y cada inversión ha de aportar algo útil. A veces encontramos a nativos de Leo mal preparados y casi incapacitados, pero luego, con el paso del tiempo, los hallamos cambiados de manera positiva: despiertos, integrados y plenamente realizados. Su espíritu de transformación es fantástico.

Incluso la relación con su alma y consciencia espiritual aparece desacralizada y poco religiosa; a veces se definen como ateos, pero tienen una disciplina de creyentes; de hecho, los podemos sorprender mientras ruegan con gran emoción en una playa iluminada por la luna o en lo alto de una montaña inundada por el sol, o con los ojos humedecidos por la emoción en los lugares más insospechados.

En los adultos, cuando la maduración haya completado la infraestructura interior, su figura eclosionará casi siempre con toda la potencia de su carisma e infundirá respeto, seguridad y prestigio.

Saben que poseen un sentido innato de la justicia y se ocuparán con reflexiones y estudios profundos de este poder, noble y cautivador, presionando al prójimo con la acción psicológica. Consiguen infundir a los demás un perenne temor respetuoso.

Lo que más afecta a los nativos de Leo son las evoluciones interiores y filosóficas. Sus metamorfosis espirituales son impresionantes, y a menudo se les presenta como los camaleones del Zodiaco, pero la demostración de que no son veletas inconstantes la proporciona el hecho de que nunca volverán atrás para desenterrar teorías y opiniones ya explotadas.

La experiencia práctica se encuentra en la base de toda la información interior, por ello, los encontramos muy a menudo, después de una elección meditada, dedicados a obras de asistencia, tareas laboriosas y acciones de altruismo incondicional. Sin embargo, después de adquirir las vivencias que necesitan, se sitúan en las categorías tradicionales para retomar carreras más rentables y gratificantes.

Todo este espíritu de sacrificio orientado a la actividad se une con su karma, el cual utiliza el progreso humano que ha pasado de generación en generación para desarrollarse positivamente con el comportamiento cotidiano y proyectarse en la vida colectiva para la mejora de la sociedad. Además, al presionar sobre sus valores morales, su personalidad se enriquece en la continuidad de las acciones, para dedicarse en el futuro a luchar contra el mal y la degradación humana.

La casa

La casa es su primer reino. Desde muy pequeños necesitan un espacio donde poder jugar e inventar sus travesuras. A partir de entonces la personalizarán con objetos, muñecos, pósteres de naves espaciales y otras expresiones de ciencia ficción.

La aspiración de los adultos es tener no una casa, sino un castillo con una gran cantidad de servicio doméstico con librea y botones brillantes, y un inmenso parque donde poder hacer corretear animales libres, mejor si son exóticos y majestuosos. Sin embargo, sabemos que la realidad es diferente y que no todos los Leo podrán alcanzar tanto. Pero una cosa es cierta: todas las casas de los nativos de este signo tenderán a aparentar algo más que las posibilidades reales del propietario.

Además de estar cuidadas con amor y atención, tendrán algo, un mueble o una habitación, que las distinga de la vivienda del inquilino del piso inferior.

Poseen una necesidad interior de satisfacción y de gratificación hacia uno mismo. Por esta razón, tanto la mujer como el hombre Leo se recrearán en trabajos de pintura, de electricidad, fontanería, etc., porque sólo ellos podrán hacer algo original.

Más allá de las tareas domésticas y de las apariencias de las viviendas, lo que preocupa particularmente a los nativos de Leo es la imagen que ofrecen a los vecinos y al exterior.

El comportamiento de todos los miembros de su familia ha de ser correcto y educado, pero sobre todo no tienen que dejar entrever externamente los distintos problemas de la vida diaria. Además, todos ellos deberían comportarse de forma civilizada y educada, incluso aún más que ellos. Esta es la razón por la que a menudo resulta tan difícil residir en un bloque en el que viva un nativo de Leo.

Las aficiones

Se podría decir que todo interesa a los nativos de Leo. Se les puede encontrar como dueños de una nutrida colección de coches de época, quizá muy caros, de colores brillantes, o corriendo detrás de mariposas raras en el bosque, u ocupados en unos remotos páramos en unas excavaciones paleontológicas. No obstante, siempre tendrán tendencia a ocuparse de cosas de un cierto valor, por lo que resulta necesario encaminarlos desde pequeños hacia estas sustanciales investigaciones.

Todo ello tiene que servir siempre para que parezcan interesantes y originales. Por ello, su interés por un asunto suele durar muy poco. A menudo acostumbran a pasar de una afición a otra, entre otras cosas porque tienen la manía de implicar en ellas a los demás, de forma particular a los hijos, y para lograr su colaboración insistirán con firmeza hasta llegar casi a la imposición.

Sus actos son precisos y meticulosos, y están dispuestos a documentarse con paciencia infinita y a crear por sí mismos algo que permita personalizar su afición y abordar los problemas con espíritu competitivo: no aceptarán nunca sentirse superados en todo aquello que depende exclusivamente de su iniciativa y creatividad.

Sienten un interés particular por todo lo relacionado con la ropa, especialmente por los complementos. La mujer se dedicará de forma particular a la elección de las joyas y de los accesorios para enriquecer su propia apariencia.

Regalos

Este es un argumento realmente interesante para el nativo de Leo. Recibir o hacer un regalo es, para ellos, algo que trasciende las normas éticas o de reconocimiento hacia el prójimo, porque se trata de una especie de ritual sagrado al que dedicarán muchas atenciones.

Cuando reciben un regalo, se conmueven hasta lo más profundo de su ser. Aunque se lo esperen o se repita, lo agradecen y les proporciona una gran alegría interior.

No es que se les pueda comprar con un regalo, sino que, por el contrario, están muy atentos para mantener separado lo útil de lo placentero; de todos modos, un regalo los alegrará siempre, lo acepten o no. Aunque por motivos accidentales se vean obligados a rechazarlo, en su interior se quedarán contentos con la idea. Y en parte, el remitente habrá obtenido el resultado esperado.

Dan mucha importancia al gesto de regalar y lo mismo sucede con el contenido. Para ellos, el lema «lo importante es el detalle» no es suficiente, sino que resulta necesario que el regalo tenga una razón, sea apropiado y adecuado a la persona y a las circunstancias.

Debe recordarse que en los regalos, los nativos de Leo buscan mensajes, motivos y porqués; por lo tanto, hay que intentar llenarlos de significados, pero sin abarrotar su sentido más profundo.

En definitiva, hacer un regalo a un nativo de Leo no resulta fácil, pero puede ser seguramente muy útil, sea cual sea el objetivo.

En cambio, rechazar un regalo recibido por un nativo de Leo constituye realmente un inconveniente, pues con este gesto se ganaría un enemigo seguro. Por lo tanto, no es aconsejable, sobre todo porque ellos saben dar el significado correcto al obsequio: noble, platónico, sin falsos objetivos. Con ese acto no quieren comprometerlo más de lo necesario; por lo tanto, conviene aceptarlo, quizá junto a una explicación clarificadora de hasta dónde quiere implicarse.

Estudios y profesión

Estudios ideales

Los estudios humanísticos, de ciencias naturales y astronómicas deberían ser los más apropiados para los nativos de este signo.

Pero como los pequeños nativos de Leo estarán siempre fuertemente condicionados por el ambiente en el que han vivido, todos los estudios y las orientaciones más variadas les podrán ir bien, siempre que cuenten con el apoyo y la colaboración incondicional de su familia. Las ideas claras y las elecciones ponderadas de los padres o tutores serán determinantes para el porvenir y el éxito de los nativos de Leo.

Por ello, nos encontramos a menudo con que algunos emprenden una carrera heredada o que siguen actividades familiares, especialmente las que ya están puestas en marcha.

En estos casos se trata de depositarios inigualables del pasado, porque se sienten revestidos de manera oficial de aquello que ya se ha cultivado orgullosamente en su ambiente. Todo sucede para su felicidad, y naturalmente se convierten también en un orgullo para sus parientes.

No obstante, las carreras diplomáticas, jurídicas y de la enseñanza se adaptan también ampliamente a las características del signo. Los Leo siempre tienen algo que enseñar, y lo hacen con entusiasmo y espíritu de abnegación hasta que encuentran estudiantes o seguidores dispuestos a sacrificarse para aprender; de lo contrario, las relaciones serán difíciles porque el profesor Leo no admite titubeos y, por lo tanto, no mostrará tolerancia ni comprensión con los estudiantes desganados e incapaces de concluir sus proyectos.

Asimismo, las materias científicas y las disciplinas actuales, como la informática, apasionan a los estudiantes Leo, siempre que estén estimulados e implicados de forma divertida y no se trate de una imposición porque «es una asignatura que está de moda».

Salidas profesionales

Para que no se produzcan fracasos, es necesario que consigan encontrar el camino correcto desde el principio; los nativos de Leo deberían ser ganadores natos, por lo que las decepciones les deprimen profundamente. El espíritu de adaptación, que es tan variado y fácil de moldear en ellos, les permite integrarse siempre con relativa facilidad en cualquier ambiente y profesión, pero se aconseja valorar atentamente los primeros trabajos que emprendan. Una tarea que no correspondiera de lleno con sus características y aspiraciones podría perjudicar su optimismo y sus expectativas futuras. Es conveniente esperar en lugar de hacerle emprender un trabajo cualquiera y poco gratificante.

De todos modos, su innato olfato hacia el éxito no tardará en localizar el camino correcto, a menos que no haya pasado ya por toda una preparación escolástica hacia un determinado trabajo o profesión; en ese caso, se lanzarán de cabeza en esa actividad con un gran espíritu de trabajo y el éxito estará asegurado.

Sin embargo, no se deben abandonar nunca a sí mismos porque siempre están interesados en muchas cosas, y las tentaciones y desviaciones son múltiples.

Para el sexo femenino es un poco más difícil. También la mujer nativa de Leo aspira a una carrera y a un éxito rápido. Pero no será tan fácil para todas porque, en contraste con sus ambiciosas aspiraciones, están obligadas a vivir una vida interior llena de dudas y a menudo en lucha con el prójimo. El peligro de equivocarse estará siempre presente porque continuamente se verán perseguidas y denigradas por los envidiosos, señaladas por los rivales y aduladas por los hombres. Todo esto sólo servirá para crear mucha confusión a su alrededor.

Es verdad que el éxito de la mujer nativa de Leo en su carrera, cuando se presenta y esto sucede a menudo, se propaga, es duradero y admirado. Y ellas no lo camuflarán; al contrario, muy a menudo lo exhibirán incluso más de lo necesario, como si quisieran coleccionar el mayor número posible de rivales y enemigos. Pero la verdad es que difícilmente saben perdonar y, por ello, suelen vengarse de las humillaciones con rapidez y de forma espontánea.

Sea como sea, tanto para los hombres como para las mujeres, las bases fundamentales del éxito se quedan siempre en los orígenes, con la extracción social en primer plano.

Una regla importante podría ser hacerles empezar desde lo más abajo posible, aunque no será fácil porque, como ya sabemos, su naturaleza no es tan modesta; sin embargo, sería una buena idea porque podrían adquirir vigor y coraje con los progresos. En cambio, volver atrás sería perjudicial y estancarse condicionaría su desarrollo.

Incluso en el caso de que hubiera fracasos, si por desgracia se produjeran, no se aconseja hacer que empiecen de nuevo desde cero: les daría más coraje salvar lo que fuera posible y empezar por algo concreto y que ya funcione. Nunca se debe mostrar a los nativos de Leo que una cosa ha sido un completo fracaso, pues esto minaría su optimismo y la voluntad de volver a empezar.

Si, en cambio, se convencen de que lo hecho no estaba tan mal, sino que sólo se tiene que transformar, vuelven a empezar confiados con nuevas energías e intentarán de nuevo conseguir éxitos seguramente sorprendentes.

Dinero

Todo lo que brilla atrae y estimula a los nativos de Leo. La riqueza y el dinero representan para ellos uno de los capítulos principales de la vida. De todos es sabido que cuando uno desea fuertemente una cosa la obtiene; por lo tanto, están destinados, de manera natural, a la riqueza, al dinero y a la opulencia.

Sin embargo, no se consideran banales; por el contrario, se esfuerzan en exaltar y cultivar también otros valores, pero el gusto por la riqueza y por el éxito les acompañará siempre.

En el juego y en la competición, aunque saben que no pueden vencer siempre, no les gusta perder. Algunas veces, por espíritu de justicia y sano altruismo, querrían que ganara también el prójimo, pero sólo si no existiera la despiadada regla de victoria o derrota. En ese caso, es mejor que pierdan los demás.

En general, obtienen sus mayores fortunas con el trabajo, la inventiva y la gestión de los negocios privados. Pero debido a su destino, que tiende a extremarlo todo, no es difícil que incluso les llegue algún gran golpe de suerte. Si esto sucediera, sería realmente el inicio de una fortuna generacional, porque sabrían encarnar de forma admirable el papel de millonarios, sin peligros de malas administraciones o de inversiones equivocadas. Gestionar la riqueza, sobre todo si es suya, es precisamente lo que mejor saben hacer, y el papel del rico es el que se les da más bien.

El amor

La mujer Leo

Sus sentimientos son realmente muy nobles. Saben amar con profundo entusiasmo y un comportamiento inteligente. Estudian al hombre e intentan satisfacerlo en todo, pero sin renunciar a sus reglas morales. Conocen profundamente las artes femeninas más refinadas porque viven en sintonía con la naturaleza y están fuertemente influenciadas por los ciclos cósmicos y astrales.

El hombre que escogen, después de decisiones ponderadas y ataques amorosos, debe tener una personalidad respetuosa, ser cuidadoso y constituir un ejemplo sobre todo para los hijos.

Puesto que suelen mirar mucho hacia arriba, todavía se ven obligadas a contentarse con lo que les ofrece el mundo. Aunque se implican en lograr la mejor elección, no siempre será la que más desean. De todos modos lo amarán o fingirán que lo aman, con una honesta dedicación, a menudo sin estar enamoradas, pero gracias a ello conseguirán las uniones más duraderas y afortunadas.

Sin embargo, en su interior anida el fuego de Leo que, alimentado por la impetuosa fantasía, generará siempre fuertes emociones; intentarán recubrirlo con las cenizas de las buenas apariencias, pero a veces con un simple soplo de novedad será suficiente para hacer que se enciendan de amor.

El amor es, para ellas, un problema realmente existencial, porque cuando están totalmente atrapadas se comprometen totalmente, con los sentimientos más absorbentes, aunque intentan, con un gran sufrimiento, dejar fuera al resto de personas, sobre todo si hay hijos de por medio.

Son unas conductoras ejemplares, severas y decididas de los hijos y la casa. Consiguen polarizar en ellas toda la unión familiar. Saben dirigir con amor, afecto e inteligencia inigualables, pero sin conceder tantas confianzas e incluso infunden casi siempre un cierto temor respetuoso. Con su decidida forma de actuar y su carismática presencia inspiran en todos un poco de miedo. Siempre se las tomará como ejemplo, aunque se concedan algunas distracciones; si se les llega a descubrir alguna infidelidad, los hijos generalmente se pondrán de su parte y no del padre traicionado, al que se acusará de no saber actuar como marido.

La evolución interior y el refinamiento exterior las hará aparecer como unas mujeres atractivas, admiradas y perseguidas incluso en la madurez.

Por esta razón, la vida sentimental de la mujer Leo es en general más larga que la de la media. Empieza a tener admiradores desde muy joven, porque parece mucho más madura de la edad real que tiene y se muestra despabilada y ya experta en los asuntos del amor y del sexo. En su juventud se ve perseguida casi siempre por un séquito de admiradores de su misma edad e incluso mayores; estos últimos serán los más atrevidos y a veces también los más afortunados, porque a todos les gustaría tener como compañera a una mujer Leo.

De mayores tendrán siempre sus admiradores escondidos o declarados, desde el carnicero al jefe de la oficina, del amigo de su hijo al compañero de trabajo de su marido.

Pero ellas continuarán siendo las más reservadas y confiarán sus sentimientos a muy poca gente, muchas veces a nadie. Intentarán parecer interesantes y al mismo tiempo enigmáticas, porque el misterio de los sentimientos es realmente para ellas el misterio de la vida.

El hombre Leo

Son amables, están llenos de cualidades interiores y son un poco presuntuosos. El amor es un sentimiento tan importante que, especialmente durante la juventud, los ocupará casi totalmente.

La vanidad los empuja a invertir los papeles: prefieren que les hagan la corte que hacerla ellos; lo consiguen bastante bien porque el grupo al que pertenecen está siempre muy bien surtido de mujeres, quizá frívolas y con la única función de admirarles, mimarles y estar a su disposición.

Por estas pretensiones un poco difíciles, las conquistas serán muchas veces exhibicionistas, por lo que, si las contamos, los resultados concretos se sitúan en la media porque en efecto son poco resolutivos en sus acciones.

Sus mujeres tienen que ser las más bonitas y no deben ser pobres, es decir, que habrían de tener cuantos más atributos mejor; ellos serán los que resaltarán las cualidades interiores de ella, puesto que presumen, y muy a menudo con razón, de ser también muy buenos psicólogos.

En la relación de pareja son honestos y afectuosos, pero sin exagerar, más exigentes que altruistas. Eso se debe a que, después de la conquista, para ellos finaliza el periodo de galanteo y ya no gastan tantas energías en eso.

Esto se agudiza hasta el punto que confiarán completamente a ella el funcionamiento de la pareja, aunque siempre permanecerán atentos y apremiantes, preparados para la crítica si las cosas no se gestionan según sus amplias y modernas miras. Muchas veces tendrán cosas que decir, sobre todo en el cuidado y en la educación de los hijos, puesto que los aman profundamente y se preocupan de sus estudios y su futuro.

Hará que su mujer se haga respetar continuamente por los vecinos y por el prójimo poco cívico: ella, la mujer de un rey, no sabrá hacerse respetar nunca lo suficiente por sí sola. Según él, también estará demasiado explotada en el trabajo y nunca lo bastante recompensada.

Pero quien tenga la constancia y las energías para seguir a estos exigentes personajes adquirirá prestigio y riqueza. Los que viven al lado de un Leo están destinados a progresar en todas sus facetas, incluso en las sentimentales.

Gracias a su buena salud y forma física, siempre serán grandes amantes y a veces unos verdaderos maestros del sexo, pero no unos mujeriegos, porque correr detrás de las faldas cansa y agota las energías.

De todos modos, la mujer que ha tenido una relación sexual con un nativo de Leo tendrá un buen motivo para no olvidarlo, porque su originalidad como amante es siempre fruto de una inteligente preparación que comprende la elección del lugar, el momento apropiado y el estado de ánimo de la pareja, que se incluye en las atenciones para tener un buen éxito.

Relaciones con los demás signos: las parejas

Leo - Aries

Se trata de una combinación ganadora, porque los dos son signos de Fuego por excelencia y sus intereses comunes son numerosos.

Es mejor si la pareja está formada por una mujer Leo y un hombre Aries: ella, seria, sensual y muy reservada, conseguirá contener a su pareja en una relación honesta, abierta y muy comprensiva, aunque, de todos modos, él continuará pataleando y amenazándole con huidas y abandonos.

Los puntos de entendimiento entre la mujer Aries y el hombre Leo también pueden ser muchos, pero en este caso todo debe construirse con paciencia y espíritu de aguante.

En las asociaciones y en las amistades formadas por esta combinación tendría que nacer una relación leal, honesta y basada en la colaboración en el trabajo para beneficio de ambos.

Leo - Tauro

Se trata de una combinación favorable, aunque un poco difícil al principio, particularmente en el entendimiento inicial.

El elemento de Fuego se descarga positivamente sobre el elemento de Tierra, y concreta toda una serie de acontecimientos interesantes.

Si el hombre es Leo y la mujer Tauro, se establece también una relación sensual muy interesante que generalmente colma la eventual falta de intereses comunes.

Si el hombre es Tauro y la mujer Leo y ha sido él quien la ha escogido, se sentirá atraído, casi perdidamente, por el encanto de ella, que lo hará grande y le hará triunfar en todo, en especial en la vida hogareña y social.

En las asociaciones y en las amistades, pueden presentarse relaciones tensas por diferencias en los puntos de vista sobre inversiones y opiniones políticas.

Leo - Géminis

Los elementos de Fuego y Aire se dispersan fácilmente en conceptos diferentes, pero a menudo estas uniones están fuertemente relacionadas con los sentimientos violentos y el sexo. Las pasiones repentinas, que inicialmente hacen la vida difícil para los dos, se pueden agotar con el tiempo y morir, pero sin herir a nadie; por el contrario, a menudo pueden dejar un buen recuerdo de una aventura vivida hasta el último respiro o de un periodo afortunado disfrutado con una alegría irrepetible.

Si el hombre es Leo y la mujer Géminis, existe el riesgo de que se desencadenen celos y venganzas.

Si la mujer es Leo y el hombre Géminis, la relación parte de una amistad interesada y puede convertirse en un amor platónico que no se concretará nunca, porque nunca encontrarán el momento adecuado para declararse.

Leo - Cáncer

El Fuego y el Agua no encajan mucho, pero si la mujer es Cáncer conseguirá aparecer a los ojos del hombre Leo como un ser angelical, romántico y muy femenino.

Algo más difícil es la combinación entre el hombre Cáncer y la mujer Leo. Él hará cualquier cosa para conquistarla e incluso, durante ese etapa en la que quiere conseguirla a toda costa, creerá que se trata de la mujer de sus sueños. La cosa es todavía más problemática si la relación es pasajera o clandestina. Los celos de él harán que la relación sea difícil de manejar, pero también ella sufrirá mucho antes de tomar la decisión de abandonarlo, porque echará de menos la fantasía, la dedicación y el amor realmente profundo de ese hombre romántico, que le dejará un vacío insalvable.

Leo - Leo

Aunque los intereses y las características son comunes, vivirán en eterna competición, hasta llegar a la rivalidad más fuerte.

De todos modos, se tratará de un antagonismo constructivo porque son demasiado inteligentes para perjudicarse de forma recíproca. Las relaciones sentimentales serán más complicadas porque los dos querrán parecer los más deseados y los más admirados.

En cambio, la unión en las asociaciones y en el trabajo resulta especialmente adecuada.

La combinación también podría ser favorable para las amistades, porque la honestidad y la seriedad prevaldrían en una colaboración alegre, honesta y afortunada.

Leo - Virgo

Si el hombre es Leo y la mujer Virgo, puede nacer una unión duradera y, aunque no precisamente feliz, sí soportable.

Ella empleará toda una vida para conquistarlo y retenerlo, y él difícilmente conseguirá huir de la tela de araña que esa tenaz mujer sabrá tejer a su alrededor.

Más difícil todavía es la combinación entre una mujer Leo y un hombre Virgo. Son pocos los intereses y las características que tienen en común, pero si surge la unión, puede llegar a ser larga porque de ella puede derivar una especie de convivencia cómoda y bien tolerada, en la que los dos buscarán molestarse lo menos posible.

Leo - Libra

Aunque se trata del elemento de Aire, que tiene problemas para mezclarse con el Fuego, estadísticamente esta unión se encuentra entre las más acertadas.

Si él es Leo y la mujer Libra, enseguida se genera una fuerte atracción física y sexual. Él la asaltará con un galanteo delicado pero continuo hasta que ella, después de haberlo tenido sobre las cuerdas, cederá, para alegría de ambos, y entonces será suya completamente y para siempre.

Será un poco más complicado si el hombre es Libra y la mujer Leo. Para él será realmente muy cansado convencerla de que acepte una relación seria, porque a ella no le inspira tanta confianza y ya le parece mucho concederle una amistad profunda. Por lo tanto, sería mejor limitarse a relaciones estrictamente laborales.

Leo - Escorpio

Los signos de Agua y Fuego se apagan de forma recíproca por medio de la emotividad, la pasión y los celos.

Pero esa cuadratura zodiacal que los hace ser tan distintos podría atraerlos y ligarlos a menudo hasta que se enamoraran perdidamente, aunque luego también podría hacer que se odiaran de la misma manera.

Si él es Leo, seguramente permanecerá atrapado en las marismas de la mujer Escorpio, dotada de altos poderes sensuales y atracciones mágicas. La crueldad de él se ahogará en los terrenos movedizos de la mujer que, si quiere, podrá arrastrarlo hacia abajo cuanto desee, hasta precipitarlo en las perversidades del amor.

Aunque si ella es Leo y él Escorpio, el entendimiento puede ser bueno, sobre todo a nivel sexual y erótico.

Leo - Sagitario

Se trata de la pareja más alegre y despreocupada que pueda existir. Se lo toman todo a broma y son capaces de reírse incluso de las propias desgracias.

Si él es Leo y ella Sagitario, todo puede empezar con una profunda amistad, que poco a poco se irá formalizando en una unión, sencillamente porque están bien juntos.

Tendrán en común los intereses culturales y un trabajo gratificante. Quizá se encuentren también en asociaciones de voluntariado, donde ambos encontrarán muy humano y gratificante hacer el bien al prójimo.

Si él es Sagitario y ella Leo, se pueden enamorar de forma recíproca de la alegría y de la sabiduría, pero sobre todo de la corrección mutua y del optimismo que los acerca en todas las circunstancias.

Leo - Capricornio

Si él es Leo y ella Capricornio, pueden plantearse unos inicios difíciles, pero si la relación empieza con las reglas del juego bien claras pueden surgir uniones realmente afortunadas y duraderas. El acuerdo será perfecto, sobre todo en la gestión de la casa, de la familia y de los hijos.

Si él es Capricornio y ella Leo, todo se vuelve más fácil cuando la más interesada es la mujer. Él no sabrá resistírsele y se convertirá en su devoto servidor para toda la vida.

También en las asociaciones y en las amistades lo más difícil es el inicio, porque existe entre los dos signos una desconfianza de fondo preconcebida, que nace de la moral personal y de la visión diferente de las cosas.

Leo - Acuario

Estos dos opuestos se rechazan y se cautivan de forma recíproca, pero sin duda alguna no se ignoran. Aunque astrológicamente se encuentran en oposición, se atraen realmente, y a menudo se unen y permanecen largo tiempo juntos.

Si él es Leo y ella Acuario, la mujer permanecerá eternamente enamorada de su pareja: lo mimará con cuidados y atenciones muy femeninas, y lo elevará hasta convertirlo en un gran hombre.

Aunque él sea Acuario y ella Leo, siempre es la mujer la que se enamora en primer lugar de ese hombre serio, tranquilo, que inspira confianza y seguridad, y se distingue en el grupo y en el trabajo por las cosas concretas que consigue hacer y la personalidad carismática que emana.

Leo - Piscis

Se trata de una de esas combinaciones astrológicas realmente extrañas que se escapan a cualquier regla. Cuando se producen, algunas pueden ser incluso las más acertadas o las más trágicas, precisamente porque se escapan de las leyes conocidas.

Si él es Leo y ella Piscis, puede nacer en el hombre un cierto interés por la feminidad y la fragilidad de ella y, puesto que él es realmente tan altruista, se sentirá casi con el deber de asumir el honor de hacer de caballero y protector para luego encontrarse como marido sin saber cómo. Ella continuará haciéndose la frágil, la víctima, y él, el hombre fuerte; los dos serán felices porque habrán encontrado la parte que más los une.

Si él es Piscis y ella Leo, la relación será menos cautivadora a nivel sentimental, aunque no faltarán puntos de entusiasmo pasional, para luego entrar en la anónima normalidad de la vida cotidiana.

Cómo conquistar a Leo

A una mujer Leo

Realmente resulta necesario poner en práctica todas las cualidades masculinas, y la mayoría de las veces no son suficientes.

De todos modos, el galanteo delicado, con formas y matices señoriales, o la simple presencia en el grupo, el darse a conocer con seriedad, con un comportamiento respetuoso, los cumplidos sobre la forma de vestir de ella y las felicitaciones sobre su aspecto, son todas ellas cosas útiles que servirán como mínimo para el acercamiento. Las mujeres Leo son muy recelosas y mantienen a un cierta distancia, incluso con maneras bruscas, a todas las personas que no entran en sus planes.

En ocasiones como cumpleaños o fiestas no rechazan los regalos, los detalles o incluso una llamada de teléfono. Con ellas triunfa a menudo el más teatral, pero también el más tenaz.

Pero aunque crea que ya la ha conquistado, el riesgo de perderla estará siempre presente. La mujer Leo debe cortejarse eternamente.

A causa de toda esta variedad de pretensiones que les impone el orgullo, a menudo se encuentran en situaciones difíciles cuando tienen que escoger.

A un hombre Leo

En primer lugar, con la belleza, la elegancia y el aspecto externo. El maquillaje, los accesorios originales y personalizados actúan sobre los nativos de Leo como un señuelo. Todo esto servirá para suscitar la atención, pero no será suficiente para alcanzar el objetivo. Ellos se esperan de la mujer sobre todo el galanteo; los primeros movimientos tiene que hacerlos ella, y si luego se le declara, no se escandalizará ni mucho menos, al contrario, sería el camino más corto para concluirlo todo.

En las acciones de conquista son unos eternos indolentes y distraídos; prefieren pavonearse a su alrededor que pasar a la acción. Otro movimiento seguramente ganador es hacerse notar, es decir, hacerles entender, quizá con las artes femeninas más hipócritas, que está disponible y luego batirse en retirada. Los Leo no soportan que se les abandone y, cuando se dan cuenta de que se les ignora sin haber concluido nada, se lanzan de cabeza al galanteo y la lucha contra eventuales rivales con toda su impetuosidad sanguínea, a veces de forma violenta e incontrolada. Se vuelven incluso unos galanes tercos y tenaces hasta que obtienen el éxito. Si la operación sale bien, los resultados serán positivos incluso para el futuro.

Pero antes de pasar a estas acciones, conviene valorar atentamente su disponibilidad y asegurarse de que no existan otros pretendientes, puesto que continuamente abundan a su alrededor; de hecho, si se dan cuenta de que el movimiento es calculado y sus objetivos son falsos, todo puede hundirse.

Cómo romper con Leo

Con una mujer Leo

Si quiere terminar con una mujer Leo, es conveniente que lo haga siempre con gracia y explicaciones honestas: ella lo entenderá y le estará siempre agradecida por la honestidad demostrada. En cambio, sería un inconveniente ofenderla con actitudes irreverentes o excusas pueriles. Se podría vengar incluso brutalmente.

Con un hombre Leo

Si quiere abandonar a un hombre Leo, es suficiente con ignorarlo, no considerarlo en sus teatrales demostraciones. Se trata del único sistema para sacarlo de la circulación.

La salud

Su fuente de energía es el Sol. Por ello, siempre tienen una constitución sana, pero también están muy influenciados por los ciclos cósmicos y astrales. Los trastornos que más se repiten son los estacionales, los periódicos y también los crónicos.

Sin embargo, su gran capacidad de recuperación proviene precisamente de la ayuda de los ciclos naturales. De todos modos, les resulta problemático enfrentarse al proceso de la enfermedad, aunque algunas veces, gracias a las fuerzas reactivas del organismo, salen reforzados de ella e inmunes para el futuro, como si los hubieran vacunado.

Según la tradición, los Leo son muy sensibles en todo el sistema cardiovascular, incluido el corazón, el bazo, la espalda, y el hígado.

Según las disciplinas orientales, el signo de Leo gobierna el plexo solar, es decir, toda la parte central del metabolismo activo, los procesos químicos del cuerpo humano y la locomoción.

Las afecciones que más se repiten son las relacionadas con las alteraciones cardiacas y vasculares, las erupciones cutáneas, las inflamaciones, las flebitis, los herpes zóster y los estados febriles.

Los ciclos del Sol y de la Luna actúan fuertemente sobre el sistema reproductor y en especial sobre el aparato sexual, con lo que a menudo llegan a radicalizar el comportamiento psicofísico y motor.

Para regular el metabolismo, es importante el movimiento al aire libre, una vida diversificada, con intereses y actividades.

Pero lo que más interesa para su bienestar interior y su propia estructura orgánica es la búsqueda continua de un equilibrio estable en sintonía con la naturaleza.

Ficha del signo

Elemento: Fuego

Calidad del signo: fijo, masculino

Calidad y temperamento: salvaje, agresivo, ardiente, violento, cálido, bilioso, inflamable

Correspondencias anatómicas: corazón, espalda, hígado, diafragma, aparato circulatorio

Planeta dominante: Sol

Longitud en el Zodiaco: de 120 a 150°

Signo opuesto (180): con acción fuerte, Acuario

Signos en quinquonce (150): con acción débil pero afortunada, Piscis y Capricornio

Signos en trígono (120): con acción fuerte positiva, Aries y Sagitario

Signos en cuadratura (90): con acción fuerte negativa, Tauro y Escorpio

Signos en sextil (60): con acción débil positiva, Géminis y Libra

Signos en semisextil (30): con acción débil positiva, Cáncer y Virgo

Animales: león, ciervo, águila, canario, gavilán, cuervo, cocodrilo, perro, luciérnaga, foca

Plantas: encina, naranjo, girasol, fresno, cedro, vid, enebro, hiedra, pimentero, romero, laurel, lavanda, anís, amapola, muérdago, azafrán, loto

Metal: oro

Color: amarillo, marrón

Perfumes: incienso, benjuí, liquidámbar, ámbar, musgo

Espíritus: Verchiel, Sitraeger, Phuonisi

Ángeles: Rafael, Miguel

El genio: Monpheta

Frase mágica: Luz de sol, fuerza de Leo

Punto cardinal para la meditación: este

Punto cardinal para el descanso: eje sur-norte

Punto cardinal para el coraje y la lucha: eje norte-sur

Estrellas fijas: Regulus, Alloth, Mizar, De'ne'bola, Be'ne'tnash

Años de Leo según el ciclo zodiacal: 1901, 1913, 1925, 1937, 1949, 1961, 1973, 1985, 1997

Decanos: I - Mando - II - Reforma - III - Ambición

Estados, regiones y ciudades: Italia, Francia, Turquía, Rumanía, Bohemia, Caldea, Fenicia, Alpes, Sicilia, Roma, Ravenna

Personajes famosos que pertenecen a este signo

En cada nativo de Leo dormita un héroe que espera ser llamado según las circunstancias del mundo.

La historia humana ha recibido una gran contribución en obras de arte y empresas heroicas por parte de los nativos de este signo.

Sería suficiente citar los nombres del emperador Augusto (63 a. de C.), Francesco Petrarca (25 de julio de 1304), Lorenzo el Magnífico (1 de agosto de 1448), Napoleón (15 de agosto de 1769), Alejandro Dumas (24 de julio de 1803), y Emilio Salgari (25 de agosto de 1863) para llenar páginas con sus obras.

En el mundo contemporáneo encontramos ejemplos realmente característicos, como el primer hombre que puso el pie en la Luna; más allá de su heroica empresa, Neil Armstrong (5 de agosto de 1930) es también el hombre que supo colocarse como figura indiscutible de la era moderna. Pero también encontramos la arrogancia y la exaltación excesiva y nociva hasta sucumbir de forma dramática, como en Benito Mussolini (29 de julio de 1883).

Tampoco falta la imagen del revolucionario, encarnada por Fidel Castro (13 de agosto de 1927).

Y a continuación, muchos otros personaje célebres, en los que podemos encontrar las fuertes características leoninas: George Bernard Shaw (26 de julio de 1856), Henry Ford (30 de julio de 1863) Mata Hari (7 de agosto de 1876),

Salvador Allende (26 de julio de 1908), Andy Warhol (6 de agosto de 1928) Roman Polanski (18 de agosto de 1933), Dustin Hoffman (8 de agosto de 1937), Robert De-Niro (17 de agosto de 1943), Mick Jagger (26 de julio de 1943), Bill Clinton (19 de agosto de 1946), Madonna (16 de agosto de 1956), *Magic* Johnson (14 de agosto de 1959), Antonio Banderas (10 de agosto de 1960) y Pete Sampras (12 de agosto de 1971).

Segunda parte

EL ASCENDENTE

Cómo calcular el ascendente

El ascendente tiene una importancia fundamental entre los factores astrales que caracterizan un horóscopo. El signo en el que se encuentra el ascendente es el que en el momento del nacimiento se levantaba en el horizonte, y cambia según la hora y el lugar en que se produjo.

El ascendente puede definirse como el punto de partida de las posibilidades de desarrollo individual; describe a la persona en sus características más evidentes: el comportamiento, las reacciones instintivas, las tendencias más naturales y manifiestas, e influye también en el aspecto físico. Muy a menudo, el individuo se reconoce más en las características típicas del ascendente que en las del signo solar al que pertenece: esto sucede porque el ascendente es la imagen consciente que tenemos de nosotros mismos y que manifestamos a los demás.

El ascendente, además, al caracterizar la constitución física, proporciona informaciones muy interesantes en el plano de la salud, pues indica los órganos y las partes del cuerpo más sujetas a trastornos y al tipo de estímulos a los que el individuo reacciona más rápidamente.

La presencia de los planetas en conjunción con el ascendente intensifica la personalidad y resalta algunas de las características, que de esta forma adquieren una evidencia particular: por ejemplo, encanto y amabilidad en el caso de Venus, y agresividad y competitividad en Marte.

Cálculo del ascendente

Los datos necesarios para calcular el ascendente son los siguientes: fecha, lugar y hora exacta del nacimiento (en el caso de que no se conozca la hora, se puede pedir en el registro la partida de nacimiento). Se acepta una aproximación de unos 15-20 minutos.

El procedimiento es sencillo, y sólo con algunos cálculos se podrá obtener la posición del ascendente con cierta precisión.

Pongamos un ejemplo con un nacimiento que tuvo lugar en Burgos, el 15 de junio de 1970 a las 17 h 30 min (hora oficial).

1. La primera operación que se debe hacer siempre será consultar la tabla de la pág. 65 para ver si en ese momento había alguna alteración horaria con respecto a la hora de Greenwich (que es la referencia horaria mundial y el meridiano patrón para España). En el caso de este ejemplo, había una diferencia de una hora y por ello es necesario restar una hora de la hora de nacimiento. Por lo tanto, tendremos: 17 h 30 min − 1 h (huso horario) = 16 h 30 min.

En cambio, en el caso de no haber horario de verano, no se deberá restar nada; pero si hay dos horas de diferencia con la hora oficial, entonces habrá que restarlas.

2. El resultado que se obtiene se suma a la hora sideral, que se puede localizar en la tabla de la pág. 72.

La hora sideral para la fecha que hemos tomado como ejemplo es 17 h 31 min; por lo tanto: 16 h 30 min + 17 h 31 min = 33 h 61 min. Pero este resultado precisa una corrección: de hecho, es necesario recordar que estamos realizando operaciones sexagesimales (es decir, estamos sumando horas, minutos y segundos).

Los minutos no pueden superar los 60, que es el número de minutos que hay en una hora. Por ello, el resultado se tiene que modificar transportando estos 60 minutos a la izquierda, transformándolos en 1 hora y dejando invariable el número de minutos restantes. Corregido de esta forma, el resultado original de 33 h 61 min se ha convertido en 34 h 1 min.

3. A continuación, para llegar hasta la determinación exacta del tiempo sideral de nacimiento, es necesario sumar al resultado obtenido la longitud traducida en tiempo relativa al lugar de nacimiento. La tabla de la pág. 69 proporciona la longitud en tiempo de las principales ciudades españolas: En el caso de Burgos, que es la ciudad del ejemplo, tenemos que restar 14 min 49 s. Podemos quitar los segundos para facilitar el procedimiento, ya que no altera prácticamente el resultado.

Para poder restar los minutos, debemos transformar una hora en minutos. Quedará así: 34 h 01 min = 33 h 61 min; 33 h 61 min − 14 min = 33 h 47 min.

Puesto que el resultado supera las 24 horas que tiene un día, es necesario restar 24.

Finalmente quedará así: 33 h 47 min − 24 h = 9 h 47 min, que indica el tiempo sideral de nacimiento.

4. Después de obtener, finalmente, este dato, sólo tendremos que consultar la tabla de la pág. 64 para descubrir en qué signo se encuentra el ascendente: en el caso que hemos tomado como ejemplo, el ascendente se encuentra en el signo de Escorpio.

Para resumir el procedimiento que hay que seguir, lo presentamos en este esquema, que puede ser útil para realizar el cálculo del propio ascendente.

```
........  −  HORA DE NACIMIENTO  −
1.00      =  1 HORA DE HUSO = (en caso necesario hay que restar 2 horas)
........  +  HORA DE GREENWICH +
........  =  HORA SIDERAL (tabla de la pág. 72) =

........  +  RESULTADO +
........  =  LONGITUD EN TIEMPO
             (tabla de la pág. 69)  =

........     TIEMPO SIDERAL DE NACIMIENTO

TIEMPO SIDERAL DE NACIMIENTO = ................................
ASCENDENTE (tabla en esta página) = ...............................
```

N.B. Al hacer los cálculos, hay que recordar siempre que se debe verificar que los minutos no superen los 60 y las horas las 24, y realizar las oportunas correcciones, como muestra el ejemplo. También se pueden efectuar estas al final del cálculo todas juntas.

BUSQUE AQUÍ SU ASCENDENTE

de 0.35' a 3.17'	ascendente en Leo
de 3.18' a 6.00'	ascendente en Virgo
de 6.01' a 8.43'	ascendente en Libra
de 8.44' a 11.25'	ascendente en Escorpio
de 11.26' a 13.53'	ascendente en Sagitario
de 13.54' a 15.43'	ascendente en Capricornio
de 15.44' a 17.00'	ascendente en Acuario
de 17.01' a 18.00'	ascendente en Piscis
de 18.01' a 18.59'	ascendente en Aries
de 19.00' a 20.17'	ascendente en Tauro
de 20.18' a 22.08'	ascendente en Géminis
de 22.09' a 0.34'	ascendente en Cáncer

CAMBIOS HORARIOS EN ESPAÑA

Se resta 1 h a los nacidos en:

• 1918, entre el 15 de abril a las 23.00 h y el 6 de octubre a las 00.00 h.

• 1919, entre el 6 de abril a las 23.00 h y el 6 de octubre a las 00.00 h.

No se suma ni se resta nada a los nacidos entre 1920 y 1923.

Se resta 1 h a los nacidos en:

• 1924, entre el 16 de abril a las 23.00 h y el 4 de octubre a las 00.00 h.

No se suma ni se resta nada a los nacidos en el año 1925.

Se resta 1 h a los nacidos en:

• 1926, entre el 17 de abril a las 23.00 h y el 2 de octubre a las 00.00 h.

• 1927, entre el 9 de abril a las 23.00 h y el 1 de octubre a las 00.00 h.

• 1928, entre el 14 de abril a las 23.00 h y el 6 de octubre a las 00.00 h.

• 1929, entre el 20 de abril a las 23.00 h y el 6 de octubre a las 00.00 h.

No se suma ni se resta nada a los nacidos entre 1930 y 1936.

Se resta 1 h a los nacidos en:

• 1937, zona republicana, entre el 16 de junio a las 23.00 h y 6 de octubre a las 00.00 h; zona nacional, entre el 22 de mayo a las 23.00 h y el 2 de octubre a las 00.00 h.

• 1938, zona republicana, entre el 2 de abril a las 23.00 h y el 30 de abril a las 23.00 h.

Se restan 2 h a los nacidos en:

• 1938, zona republicana, entre el 30 de abril a las 23.00 h y el 2 de octubre a las 00.00 h.

Se resta 1 h a los nacidos en:

• 1938, zona republicana, entre el 2 de octubre a las 00.00 h y el 31 de diciembre a las 00.00 h.

Se resta 1 h a los nacidos en:

• 1938, zona republicana, entre el 26 de marzo y el 1 de octubre a las 00.00 h.

• 1939, zona republicana, entre el 1 de enero y el 1 de abril; zona nacional, entre el 15 de abril a las 23.00 h y el 7 de octubre a las 00.00 h.

• 1940, entre el 16 de marzo a las 23.00 h y el 31 de diciembre a las 00.00 h.

Se resta 1 h a los nacidos en 1941.

Se resta 1 h a los nacidos en:

• 1942, entre el 1 de enero y el 2 de mayo a las 23.00 h.

Se restan 2 h a los nacidos en:

• 1942, entre el 2 de mayo a las 23.00 h y el 1 de septiembre a las 00.00 h.

• 1943, entre el 17 de abril a las 23.00 h y el 2 de octubre a las 00.00 h.

• 1944, entre el 17 de abril a las 23.00 h y el 1 de octubre a la 1.00 h.

• 1945, entre el 14 de abril a las 23.00 h y el 30 de septiembre a la 1.00 h.

• 1946, entre el 13 de abril a las 23.00 h y el 28 de septiembre a las 00.00 h.

• 1949, entre el 30 de abril a las 23.00 h y el 2 de octubre a la 1.00 h.

Se resta 1 h a los nacidos en fechas que no se han citado anteriormente entre los años 1942 y 1949.

Se resta 1 h a los nacidos entre 1950 y 1973.

Se restan 2 h a los nacidos en:

- 1974, entre el 13 de abril a las 23.00 h y el 6 de octubre a la 1.00 h.
- 1975, entre el 12 de abril a las 23.00 h y el 4 de octubre a las 00.00 h.
- 1976, entre el 27 de marzo a las 23.00 h y el 25 de septiembre a las 00.00 h.
- 1977, entre el 2 de abril a las 23.00 h y el 24 de septiembre a las 00.00 h.
- 1978, entre el 2 de abril a las 2.00 h y el 30 de septiembre a las 3.00 h.
- 1979, entre el 1 de abril a las 2.00 h y el 30 de septiembre a las 3.00 h.
- 1980, entre el 6 de abril a las 2.00 h y el 26 de septiembre a las 2.00 h.
- 1981, entre el 29 de marzo a las 2.00 h y el 27 de septiembre a las 3.00 h.
- 1982, entre el 29 de marzo a las 2.00 h y el 27 de septiembre a las 2.00 h.
- 1983, entre el 27 de marzo a las 2.00 h y el 25 de septiembre a las 2.00 h.
- 1984, entre el 24 de marzo a las 2.00 h y el 30 de septiembre a las 3.00 h.
- 1985, entre el 31 de marzo a las 2.00 h y el 29 de septiembre a las 3.00 h.
- 1986, entre el 29 de marzo a las 2.00 h y el 27 de septiembre a las 3.00 h.
- 1987, entre el 29 de marzo a las 2.00 h y el 27 de septiembre a las 3.00 h.
- 1988, entre el 27 de marzo a las 2.00 h y el 25 de septiembre a las 3.00 h.
- 1989, entre el 26 de marzo a las 2.00 h y el 24 de septiembre a las 3.00 h.
- 1990, entre el 25 de marzo a las 2.00 h y el 29 de septiembre a las 3.00 h.

- 1991, entre el 24 de marzo a las 2.00 h y el 29 de septiembre a las 3.00 h.
- 1992, entre el 29 de marzo a las 2.00 h y el 27 de septiembre a las 3.00 h.
- 1993, entre el 28 de marzo a las 2.00 h y el 26 de septiembre a las 3.00 h.
- 1994, entre el 27 de marzo a las 2.00 h y el 25 de septiembre a las 3.00 h.
- 1995, entre el 26 de marzo a las 2.00 h y el 24 de septiembre a las 3.00 h.
- 1996, entre el 24 de marzo a las 2.00 h y el 27 de octubre a las 3.00 h.
- 1997, entre el 30 de marzo a las 2.00 h y el 26 de octubre a las 3.00 h.
- 1998, entre el 29 de marzo a las 2.00 h y el 25 de octubre a las 3.00 h.
- 1999, entre el 27 de marzo a las 2.00 h y el 30 de octubre a las 3.00 h.
- 2000, entre el 26 de marzo a las 2.00 h y el 29 de octubre a las 3.00 h.
- 2001, entre el 25 de marzo a las 2.00 h y el 28 de octubre a las 3.00 h.
- 2002, entre el 31 de marzo a las 2.00 h y el 27 de octubre a las 3.00 h.
- 2003, entre el 30 de marzo a las 2.00 h y el 26 de octubre a las 3.00 h.
- 2004, entre el 28 de marzo a las 2.00 h y el 31 de octubre a las 3.00 h.
- 2005, entre el 27 de marzo a las 2.00 h y el 30 de octubre a las 3.00 h.
- 2006, entre el 26 de marzo a las 2.00 h y el 29 de octubre a las 3.00 h.
- 2007, entre el 25 de marzo a las 2.00 h y el 28 de octubre a las 3.00 h.
- 2008, entre el 30 de marzo a las 2.00 h y el 26 de octubre a las 3.00 h.
- 2009, entre el 29 de marzo a las 2.00 h y el 25 de octubre a las 3.00 h.
- 2010, entre el 28 de marzo a las 2.00 h y el 31 de octubre a las 3.00 h.
- 2011, entre el 27 de marzo a las 2.00 h y el 30 de octubre a las 3.00 h.

Se resta 1 h a los nacidos entre 1974 y 1990 en las fechas que no figuran entre las anteriores.

TABLA DE COORDENADAS
DE LAS PRINCIPALES CIUDADES DE ESPAÑA

Ciudad	Latitud	Longitud
A CORUÑA	43° 23'	− 33' 34"
ALBACETE	39° 00'	− 7' 25"
ALCUDIA	39° 52'	+ 11' 36"
ALGECIRAS	36° 09'	− 21' 52"
ALICANTE	38° 20'	− 1' 56"
ALMERÍA	36° 50'	− 9' 52"
ÁVILA	40° 39'	− 18' 47"
BADAJOZ	38° 53'	− 27' 53"
BARCELONA	41° 23'	+ 8' 44"
BILBAO	43° 15'	− 11' 42"
BURGOS	42° 20'	− 14' 49"
CÁCERES	39° 28'	− 25' 29"
CADAQUÉS	42° 17'	+ 13' 08"
CÁDIZ	36° 32'	− 25' 11"
CALATAYUD	41° 20'	− 6' 40"
CARTAGENA	37° 38'	− 3' 55"
CASTELLÓN	39° 50'	− 0' 09"
CIUDAD REAL	38° 59'	− 15' 43"
CIUDAD ROGRIGO	40° 36'	− 26' 08"
CÓRDOBA	37° 53'	− 19' 07"
CUENCA	40° 04'	− 8' 32"
ÉIBAR	43° 11'	− 11' 52"
ELCHE	38° 15'	− 2' 48"
FRAGA	41° 32'	− 1' 24"
FUERTEVENTURA	28° 30'	− 56' 00"

Ciudad	Latitud	Longitud
GERONA	41° 59'	+ 11' 18"
GIJÓN	43° 32'	– 22' 48"
GOMERA	28° 10'	– 1 h 08' 20"
GRANADA	37° 11'	– 14' 24"
GUADALAJARA	40° 38'	– 12' 39"
HIERRO	27° 57'	– 1 h' 44"
HUELVA	37° 16'	– 27' 47"
HUESCA	42° 08'	– 1' 38"
IBIZA	38° 54'	+ 5' 44"
JAÉN	37° 46'	– 15' 09"
LA PALMA	25° 40'	– 1 h 11' 20"
LANZAROTE	29° 00'	– 54' 40"
LAS PALMAS G. C.	28° 06'	– 1 h 01' 40"
LEÓN	42° 36'	– 22' 16"
LÉRIDA	41° 37'	+ 2' 30"
LINARES	38° 06'	– 14' 32"
LOGROÑO	42° 28'	– 9' 47"
LORCA	37° 41'	– 6' 48"
LUGO	43° 01'	– 30' 14"
MADRID	40° 24'	– 14' 44"
MAHÓN	39° 50'	+ 17' 12"
MÁLAGA	36° 43'	– 17' 41"
MANACOR	39° 34'	+ 12' 53"
MANRESA	41° 44'	+ 7' 20"
MARBELLA	36° 30'	– 19' 36"
MIERES	43° 15'	– 23' 04"
MURCIA	37° 59'	– 4' 31"

Ciudad	Latitud	Longitud
ORENSE	42° 20'	– 31' 27"
OVIEDO	43° 22'	– 23' 22"
PALENCIA	42° 00'	– 18' 08"
P. MALLORCA	39° 34'	+ 10' 36"
PAMPLONA	42° 49'	– 6' 36"
PLASENCIA	40° 03'	– 24' 32"
PONFERRADA	42° 33'	– 26' 20"
PONTEVEDRA	42° 26'	– 34' 36"
SALAMANCA	40° 57'	– 22' 40"
SAN SEBASTIÁN	43° 19'	– 7' 56"
STA. CRUZ DE TENERIFE	28° 28'	– 1 h 5' 57"
SANTIAGO DE COMP.	42° 52'	– 34' 12"
SANTANDER	43° 28'	– 15' 13"
SEGOVIA	40° 57'	– 16' 30"
SEVILLA	37° 23'	– 23' 58"
SORIA	41° 46'	– 9' 52"
TARRAGONA	41° 07'	+ 5' 02"
TERUEL	40° 20'	– 4' 26"
TOLEDO	39° 51'	– 16' 05"
TORTOSA	40° 49'	+ 2' 04"
TUDELA	42° 04'	– 6' 24"
VALENCIA	39° 28'	– 1' 30"
VALLADOLID	41° 39'	– 18' 53"
VIELLA	42° 42'	+ 3' 16"
VIGO	42° 18'	– 34' 44"
VITORIA	42° 51'	– 10' 42"
ZAMORA	41° 30'	– 23' 01"
ZARAGOZA	41° 34'	– 3' 31"

TABLA PARA LA BÚSQUEDA DE LA HORA SIDERAL

Día	En.	Feb.	Mar.	Abr.	May.	Jun.	Jul.	Ag.	Sept.	Oct.	Nov.	Dic.
1	6.36	8.38	10.33	12.36	14.33	16.36	18.34	20.37	22.39	0.37	2.39	4.38
2	6.40	8.42	10.37	12.40	14.37	16.40	18.38	20.41	22.43	0.41	2.43	4.42
3	6.44	8.46	10.40	12.44	14.41	16.43	18.42	20.45	22.47	0.45	2.47	4.46
4	6.48	8.50	10.44	12.48	14.45	16.47	18.46	20.49	22.51	049	2.51	4.50
5	6.52	8.54	10.48	12.52	14.49	16.51	18.50	20.53	22.55	0.53	2.55	4.54
6	6.56	8.58	10.52	12.55	14.53	16.55	18.54	20.57	22.59	0.57	2.59	4.57
7	7.00	9.02	10.56	12.58	14.57	16.59	18.58	21.00	23.03	1.01	3.03	5.01
8	7.04	9.06	11.00	13.02	15.01	17.03	19.02	21.04	23.07	1.05	3.07	5.05
9	7.08	9.10	11.04	13.06	15.05	17.07	19.06	21.08	23.11	1.09	3.11	5.09
10	7.12	9.14	11.08	13.10	15.09	17.11	19.10	21.12	23.14	1.13	3.15	5.13
11	7.15	9.18	11.12	13.15	15.13	17.15	19.14	21.16	23.18	1.17	3.19	5.17
12	7.19	9.22	11.16	13.18	15.17	17.19	19.18	21.20	23.22	1.21	3.23	5.21
13	7.23	9.26	11.20	13.22	15.21	17.23	19.22	21.24	23.26	1.25	3.27	5.25
14	7.27	9.30	11.24	13.26	15.24	17.27	19.26	21.28	23.30	1.29	3.31	5.29
15	7.31	9.33	11.28	13.30	15.28	17.31	19.30	21.32	23.34	1.32	3.35	5.33

16	7.35	9.37	11.32	13.34	15.32	17.34	19.34	21.36	23.38	1.36	3.39	5.37
17	7.39	9.41	11.36	13.38	15.36	17.38	19.38	21.40	23.42	1.40	3.43	5.41
18	7.43	9.45	11.40	13.42	15.40	17.42	19.42	21.44	23.46	1.44	3.47	5.45
19	7.47	9.49	11.44	13.46	15.44	17.46	19.46	21.48	23.50	1.48	3.50	5.49
20	7.51	9.53	11.48	13.50	15.48	17.50	19.49	21.52	23.54	1.52	3.54	5.53
21	7.55	9.57	11.52	13.54	15.52	17.54	19.53	21.56	23.58	1.56	3.58	5.57
22	7.59	10.01	11.55	13.58	15.56	17.58	19.57	22.00	0.02	2.00	4.02	6.01
23	8.03	10.05	11.58	14.02	16.00	18.02	20.02	22.04	0.06	2.04	4.06	6.05
24	8.07	10.09	12.02	14.06	16.04	18.06	20.06	22.08	0.10	2.06	4.10	6.09
25	8.11	10.13	12.06	14.10	16.08	18.10	20.10	22.12	0.14	2.12	4.14	6.13
26	8.15	10.17	12.10	14.14	16.12	18.14	20.14	22.16	0.18	2.16	4.18	6.17
27	8.19	10.21	12.14	14.18	16.16	18.18	20.18	22.20	0.23	2.20	4.22	6.21
28	8.23	10.25	12.18	14.22	16.20	18.22	20.22	22.24	0.26	2.24	4.26	6.24
29	8.26	10.29	12.22	14.26	16.24	18.26	20.26	22.27	0.30	2.28	4.30	6.28
30	8.30		12.26	14.29	16.28	18.30	20.30	22.31	0.34	2.32	4.34	6.32
31	8.34		12.30		16.32		20.33	22.35		2.36		6.36

Si es Leo con ascendente...

Leo con ascendente Aries

Se trata de un bonito complemento de las características del elemento de Fuego. Las cualidades más cálidas y fogosas del Zodiaco se concentran en una explosión de vitalidad para producir una mezcla de energías benéficas y de entusiasmo creativo.

Pero a veces, el excesivo espíritu de iniciativa que tienen estas personas los puede situar en el incómodo escalón de la presunción.

El protagonismo está siempre presente, junto con las ganas de hacer cosas y, muchas veces, de deshacerlas.

En ese eterno dinamismo se consiguen finalizar un gran número de objetivos, pero son otros muchos, y quizá los más importantes, los que quedan inacabados. Estas acciones no terminadas, inacabadas, junto con el desconcierto que a menudo saben generar, los hace aparecer como derrotistas, pero sin ninguna razón plausible.

Leo con ascendente Tauro

A los intranquilos Leo, este ascendente terrestre los rejuvenece en general porque los conduce a espacios más sencillos, más factibles y menos comprometedores.

Además, en los años de la maduración acumularán considerables riquezas, sabiduría y una personalidad equilibrada.

También la salud se ve reforzada por esta afortunada combinación, pues su metabolismo, siempre muy activo, alcanza con este aspecto un equilibrio más constante.

El sistema nervioso obtiene enormes beneficios, porque el elemento de Tierra es capaz de moderar las oscilaciones cardiovasculares y hacerlas más contenidas.

La personalidad se ve suavizada y la meditación se vuelve más frecuente. Es posible que estos personajes alternen en su vida periodos de mucha actividad con otros de completo reposo y distracción regeneradora.

Incluso durante la infancia y la juventud, esta característica les ayuda en los estudios y en el deporte, pero sobre todo les otorga un mayor apego hacia la familia.

Leo con ascendente Géminis

Irán eternamente en busca de aplausos y aprobaciones, y los obtendrán porque su vida está destinada al éxito y a las realizaciones.

Caprichosos, extravagantes y realmente originales, parecen poco de fiar y algo megalómanos, pero estas son sus características naturales, de las que nace esa rica fantasía que tienen que exteriorizar de alguna forma.

Son incluso un poco inconstantes y en algunos periodos se verán afectados por el cansancio y el desinterés hacia el mundo.

Si el elemento de Aire es el que destaca, serán muy románticos y siempre tendrán ganas de evadirse. Por lo tanto, podemos encontrarlos errando por el mundo en busca de fortuna.

Si, en cambio, destaca el elemento de Fuego, se sentirán orientados hacia el arte, pero sólo como pasatiempo, y no resultará difícil que consigan una pequeña fortuna.

Tienen éxito en el amor y también en las relaciones sociales, en los sectores de la información y del periodismo.

Leo con ascendente Cáncer

Se trata de una combinación muy original porque realmente con el Fuego y el Agua siempre hay algo que hierve en el cazo. De esta unión resulta una vida repleta de acontecimientos, de pasiones amorosas y aventuras extrañas, aunque con alguna renuncia a los esquemas tradicionales.

Pueden caer fácilmente en ataques de nervios, con cambios de humor y crisis existenciales. Su vida alternará entre el caos de la ciudad y el aislamiento de los monasterios.

La originalidad no tiene límites en ningún sector y a menudo se mezclan los papeles.

Disfrutan de momentos realmente felices, pero también se sienten invadidos por tristezas deprimentes, pues sus biorritmos no serán nunca planos y regulares, sino que se moverán entre los extremos.

Su vida estará fuertemente condicionada por las influencias de los astros, lo que los obliga a vivir siempre preocupados y a no poder comprender plenamente todo lo que les rodea.

Leo con ascendente Leo

Esta combinación produce una exaltación exagerada del yo, refuerza todas las características del signo y desarrolla la originalidad con una fuerte huella egocéntrica.

Sin embago, también existe el riesgo del aislamiento y de la incomprensión, con unas fuertes probabilidades de sufrir el abandono por parte de la pareja o de algún buen amigo.

Se trata de los típicos solteros, aunque no dejan entrever defectos de solterones e incluso pueden suscitar envidia a su alrededor por su conquistada libertad.

De todos modos, están siempre muy bien considerados porque consiguen convertirse en los típicos personajes rodeados de un halo de misterio y una refinada elegancia.

Quien asume el honor de estar cerca de ellos se dará cuenta muy pronto de que no es fácil convivir con ellos porque, fieles a sus ideas y a sus principios libertinos, no aceptarán nunca compromisos de ningún tipo.

Leo con ascendente Virgo

La creación, la construcción y la formación interior constituyen la mayor tarea posible para los Leo con ascendente Virgo.

De todo el Zodiaco, los Leo son los que consiguen dar mejor forma a las ideas y fantasías porque, además del ingenio y de la inventiva, poseen constancia y voluntad para acabar todo aquello que han empezado. Se desenvuelven bien en los ambientes de trabajo, en sociedad y sobre todo en familia.

Son bastante metódicos y prudentes, y saben atrapar las ocasiones al vuelo porque están dotados de una refinada intuición que les permite entrar en acción en perfecta sintonía con los acontecimientos.

Como buenos Leo, suelen estar siempre preparados y dispuestos para la acción, y a menudo saben sacar provecho y beneficiarse de los valores del prójimo.

Leo con ascendente Libra

Las características de Libra dan a los nativos de Leo un toque de clase y les hacen parecer más refinados y elegantes, pero sobre todo más tolerantes y menos impetuosos.

Adquieren también el equilibrio interior y, aunque la maduración será más lenta, resultará estable y gratificante.

Se plantean grandes objetivos en su vida, con la posibilidad de emprender alternativas mayores y, si es necesario, incluso con una mentalidad más elástica.

También la salud sale reforzada y beneficiada de esta combinación de equilibrio psicofísico.

En los sentimientos están más disponibles y son más abiertos, incluso altruistas. No faltarán aspectos de romanticismo y de modestia personal, hasta parecer humildes.

Leo con ascendente Escorpio

El Agua móvil y misteriosa de Escorpio otorga a los nativos de Leo un poco de aprensión, por otro lado necesaria, y un sentimentalismo condicionado.

Son muy originales, bastante extrovertidos y a veces manifiestan cierta agresividad, sobre todo en el amor y en el sexo.

Su vida está llena de aventuras sentimentales, lo que los obliga también a una continua exaltación de las propiedades orgánicas y sexuales.

Tienen tendencia a buscar en todas las cosas la esencia radical y la explicación arcana; por esta razón, están continuamente ocupados en investigaciones culturales y esotéricas.

Son valientes defensores de los débiles y de las causas perdidas, y su intención es conseguir la revalorización del mundo en sus contenidos más profundos.

Sin embargo, tampoco ellos están exentos del pecado e incluso se les llegará a señalar como los más pecadores.

Leo con ascendente Sagitario

El espíritu de aventura anima de forma continua a estos personajes, que suelen ver reforzadas sus características al máximo por el elemento de Fuego.

Viven en continua búsqueda de lo nuevo y lo sensacional, lo que les compromete en todo, desde las grandes empresas a los pequeños encuentros diarios, siempre invadidos por el optimismo y el espíritu de progreso.

Tanto en el grupo de amigos como en el trabajo se distinguen por la originalidad y la alegría. La felicidad imperará a su alrededor y el prójimo los buscará como si fueran un amuleto. No obstante, esto no les aportará nada definido porque en la práctica les cuesta finalizar sus acciones.

De todos modos, serán felices así, por el mero hecho de divertir al mundo, aunque este se lo agradecerá de forma efímera.

Leo con ascendente Capricornio

A la seriedad se añade el compromiso, a la idea se suma la voluntad y al fuego, la pasión.

Sus características son muy complementarias y, vistos desde el exterior, parecen personajes realmente completos.

Pero si se indaga en su intimidad, a menudo encontramos inseguridades y muchos miedos.

Estas preocupaciones de fondo generarán complejos, pero ellos serán maestros a la hora de camuflarlos, aunque no podrán eliminarlos; por el contrario, los cultivarán en su inconsciente hasta hacer que aparezcan incluso como virtudes.

En las relaciones con los demás asumen siempre una actitud distanciada, de manera que el prójimo se sienta desorientado y no conozca sus verdaderas intenciones.

Leo con ascendente Acuario

Es el círculo que se cierra alrededor de las características del Zodiaco. Los nativos con esta combinación están realmente dotados de múltiples dones, su personalidad aparece completa y refleja una sabiduría innata y una cultura cada vez más profunda, porque se orientan constantemente hacia la búsqueda de algo superior.

Son queridos y admirados por casi todo el mundo, pero pueden prescindir de la compañía humana, con esa autosuficiencia que les distingue. Saben un poco de todo, quizá sin sobresalir en nada, pero, gracias a su habilidad para presentar las cosas, aparecen siempre mejores de lo que son en realidad. Su destacada inteligencia les permite sobresalir en cualquier trabajo o empresa. La forma de expresarse y mostrar sus ideas será siempre clara, concisa y comprensible para todos.

Leo con ascendente Piscis

Se trata de personajes que consiguen sorprender al mundo esforzándose poco, porque sus descubrimientos suelen ser siempre imprevistos y originales.

Pueden pasar años en el anonimato más profundo para luego darse a conocer en ámbitos variados y tratando temas complejos.

Son unos eternos inseguros y a veces unos tímidos torpes, pero con sus salidas llenas de entusiasmo pueden recuperar prestigio y personalidad, superar al prójimo y a los adversarios.

Cuando deciden actuar se convierten en ganadores natos y pueden realizar empresas concretas y afortunadas. Están bastante capacitados para recuperar cosas pasadas y abandonadas. Saben volver a establecer relaciones que en apariencia estaban acabadas y reconstruir a partir de ellas nuevos vínculos, confiados y felices.

Aunque recorren viejos caminos, sabrán darles, gracias a su espíritu, un aire nuevo y felizmente actual.

Tercera parte

PREVISIONES PARA 2019

Previsiones para Leo en 2019

Vida amorosa

Enero

Todo hace suponer que se encuentra como «un león en invierno», haciendo números y planificando cómo reorganizar toda su vida; pero en la segunda mitad del mes, un cúmulo de causalidades hará que alguien atice su fuego y se vea zambullido en una relación, que puede ser de duración breve.

De aquí en adelante, tres frentes o tres personas pueden ser importantes en sus distracciones.

Febrero

Hacia mediados de mes, puede verse estafado o ser víctima de una ilusión, especialmente los nacidos durante los últimos días del signo. De todas formas, durante este mes deberá tener cuidado con las relaciones con personas lejanas de su vida habitual o de los ambientes que no domina. Si esto no sucede así, su entorno social estará agitado y se mostrará participativo y generoso.

Encontrará tolerable un poco de absurdo y de fantasía; es probable que en su grupo se produzca una incorporación de calidad.

Marzo

Con cinco de los diez planetas en su sector erótico, muchos episodios serán especiales y merecerán figurar en su biografía. Se destapará la vena bohemia y lúdica, y las noches estarán llenas de posibilidades. No le faltarán cómplices, pero su instinto, cazador por naturaleza, hará que donde ponga el ojo, ponga la bala. Debe tener cuidado consigo mismo por si adopta un papel excesivo en la vida de otras personas. Al menos un par de estos «episodios» amorosos quedarán interrumpidos por la otra parte, debido a sus circunstancias o a una decisión propia.

Abril

El Sol que rige Leo ya empieza a brillar más, y con el añadido de que Marte sigue en su signo durante otro trimestre más, es innegable que lo verá todo más caliente. Hay una gran tendencia a que se extralimite en los placeres a lo largo de la primera parte del mes; en lo romántico, se mostrará más posesivo, y ya sabe cómo lograr esto si quiere conseguir un poco de continuidad en una relación. Durante el resto del mes reflexionará sobre qué le aportaría un tipo de vida así o una relación en especial, lo que posiblemente le haga reducir las marchas sin por ello parar el rumbo.

Mayo

Los colegas y los amigos que lo rodean le harán moverse de un lado a otro y frecuentar numerosos lugares. Muchas personas llegarán, de esta manera, a una situación muy especial en lo romántico o en lo erótico, aparte de que existen grandes posibilidades de que aumente el nivel de actividad en toda su vida. Económicamente, ya habrá hecho unas cuentas previas para saber lo que puede permitirse en el sector del ocio. Cuente con la posibilidad de alguna invitación. Con el paso del mes, verá que algo culmina y acaba, y estará más expuesto a la resaca de estas vivencias.

Junio

La esencia de las vivencias del mes anterior permanecerá hasta finales de mes; no obstante, en el primer fin de semana le picará ese gusanillo que corre por su válvula de escape, pero luego verá que se trata del final de un ciclo. A partir del día 11, Marte sale de Leo y tanto la caza como la pesca decaen. Quizá pase un mes muy agitado en otros aspectos de su vida, pero tenga en cuenta que Venus entrará en su signo el día 14, algo que, de momento, notarán más los nacidos durante los primeros días del signo. Por otro lado, dos de los planetas grandes se le pondrán de cara, por lo que le esperan momentos de euforia en sus diversiones y más amigos que romances; sin embargo, con Venus nunca se sabe, pues Cupido anda suelto dentro del signo.

Julio

Los comienzos del verano no suelen ser muy propicios para los Leo, en general; no obstante, Venus sigue presente hasta el día 11 en el signo y estimulará el deseo de compañía. Sin embargo, habrá que tener en cuenta su cuota de escrúpulos y, más aún, si alguien quiere llegar a una mayor intimidad con usted.

Se encontrará un poco alterado, al menos hasta que el Sol, el astro que rige su signo, no entre en Leo. Desde el día 23 en adelante, los Leo irán cumpliendo años y querrán disfrutar de más libertad.

Agosto

El Sol desde el día 9 hará que se disfrute de diversión y compañía; por otro lado, proporcionará buenos argumentos para realizar presupuestos y agudeza para los pequeños detalles que haya que afrontar. Muchos Leo saldrán de viaje, lo que abrirá las puertas a los romances. Un amigo con los mismos gustos que usted puede ayudarle en sus aventuras. Al final del viaje, procure no extenderse en abstracciones. Desde el fin de semana del 21 y el 22, el Sol decaerá con fuerza, pero continúan favorecidas tanto la caza como la pesca...

Septiembre

Tiene mucho que hacer al comienzo del mes en las partes más intensas de su vida; quedan por tomar decisiones importantes, también sobre los ligues que dejó y sobre ciertos cambios en algunos ambientes. Durante este mes y el siguiente resulta esperable la presencia de una mar de fondo por varios motivos y se notará incómodo. Si la causa de su malestar es debida a sus ligues y aventuras, encontrará la manera de manifestarlo ante ellos, por lo que adquirirán un sabor agridulce. Hasta finales de año se verá favorecido el erotismo.

Octubre

Sigue y se profundiza la onda agridulce con que encara sus relaciones, lo que puede provocar escenas desagradables y rupturas. No le gustará nada verse implicado en un juego en que el otro parte con ventaja al tener más detalles sobre su personalidad que usted, vuela más alto o desea que cambie algo de sus esquemas. Hay una gran tendencia a insistir en un mismo sujeto, tanto si se trata de una aventura como de una relación formal o esporádica. Tal vez necesita ayuda psicológica o debe recurrir a una relación segura.

Noviembre

A medida que pase el mes lo encarará todo de un modo más positivo, ya sea porque a partir del día 6 iniciará otra aventura o porque necesita sentirse libre. Del 17 al 20 algunas de sus decisiones empezarán a cuajar. Puede que a final de año se acabe esa relación de la que ha ido tirando, por lo que debe intentar vivir hasta diciembre de la mejor manera posible. Si se trata de alguien de su órbita, ya sabrá de antemano cuál es su postura ya que la fue cambiando poco a poco, tal y como a usted le gustaba que fuera. El último fin de semana del mes puede ser inolvidable.

Diciembre

Del 23 de noviembre al 21 del presente mes, como cada año, tendrá activado su sector amoroso y lo aprovechará considerablemente, pero convendrá mucho llevarlo todo con discreción. El puente de diciembre puede ser un punto de inflexión en una relación, si lo pasa con una persona «no oficial». En este mes se potenciarán tanto las simpatías como las antipatías latentes, incluso en el medio laboral, ya que estará muy acelerado en sus actividades diarias. A medida que pase el mes, notará que, en el plano sentimental, estará muy distraído y que irá completamente a su bola, aún más que de costumbre; puede meter la pata de manera importante, aunque usted no se dará cuenta de ello. La Luna estará en Leo durante la Navidad, por lo que se destapará su vena grandilocuente y animosa, si el ambiente lo necesita.

Para la mujer Leo

Tiene su orgullo y su esquema de cómo deben ser las cosas en el amor, por lo que es dada a jugar con el palo y la zanahoria en sus relaciones amorosas. Aunque no cambia con facilidad, se trata de un año en que puede permitirse juegos y variantes; será muy consciente de sus debilidades en las ocasiones que se le presenten.

Para el hombre Leo

Nunca deja de lado sus intereses personales, pero el instinto es muy fuerte y siempre quiere dar el primer paso, un cóctel que hace que sea más ingenioso en los juegos del amor. Sabe diferenciar entre lo pasajero y lo permanente, pero esta posición hará que este año se encuentre un poco en jaque, aunque raramente hasta el punto en que el ariete derribe las puertas.

Salud

Primer trimestre

Desde el octubre anterior y durante unos seis meses más, Marte transitará su signo con picos de gran actividad, como en los deportes a los que son aficionados los Leo y otros ámbitos donde se destaparán las dolencias propias de la relación de un planeta determinado con su signo: cardiovasculares y visuales, problemas de espalda, de columna y musculares, fiebre y sudores, heridas y quemaduras. Si ya padece o tiene alguna propensión a estas dolencias, estas pueden agudizarse. Debe decidirse a tratarlas para llegar a un equilibrio en el que no le molesten, algo para lo que puede favorecerle este periodo, sobre todo si los problemas son menores.

Desde finales de febrero hasta finales de marzo, su regente, el Sol, irá por el signo contrario, con el consiguiente descenso de tonicidad, que notarán hasta los más todoterrenos del signo, que son muchos.

Puede darse un momento de peligro entre finales de febrero y principios de marzo, pues no estará especialmente fino. El 21 de marzo, comienzo de la primavera, querrá entrar en el pico opuesto, lo cual tendrá lugar unos pocos días después. A partir de entonces, su signo se repondrá rápidamente de las dolencias sufridas e irá al alza durante el resto del mes.

Segundo trimestre

La primavera la sangre altera, dice el refrán, y mediante la intervención de Marte se sentirá acalorado y cargado de energía, lo que estimulará su sibaritismo en la comida y en la bebida, aunque su signo ve con mejores ojos una copa puntual, y no por simple costumbre. La mayoría de días, se controlará bastante, pese a que también puede pasar, de vez en cuando, del semiayuno a devorar todo lo que se le ponga por delante.

Sin embargo, deberá estar atento a la dieta y quizá, durante abril y mayo, sus obligaciones le forzarán a establecer un plan de comidas.

Son buenos tiempos para tratar todo lo relacionado con la salud bucal, y no deben descartarse los dolores de garganta y alguna afección bronquial, como las alergias, ya bien entrada la estación.

Desde mediados de junio, puede desear tener un mayor descanso, ya que notará que necesita más tiempo para recargar las pilas.

Tercer trimestre

El día 11, un eclipse coronará el mes de julio; este fenómeno cae dentro de su sector de las trabas generales, pero algunas pueden adelantarse. También afectará a la dieta y a los pormenores de los tratamientos en curso, por lo que se equipará con un montón de productos. Sin embargo, puede recibir una sacudida que le lleve a ver de nuevo la belleza de la vida. Tenga cuidado con el último fin de semana del mes; a pesar de que dispone de cierta protección, ya que el Sol entrará en su signo muy bien dispuesto para todo, salvo para la comida, hay una cierta tendencia a las malas digestiones.

Tome las medidas adecuadas si viaja a otros climas; debe adaptarse a otras comidas y aguas, ya que puede sufrir algún trastorno. Desde la segunda mitad del mes de septiembre hasta octubre, los conflictos emocionales afectarán a algunos problemas físicos, propensos a agravarse por ellos mismos, que pueden desembocar en problemas estomacales.

Cuarto trimestre

Los primeros días de octubre no son del todo buenos para la vitalidad y la tonicidad general. Hasta el día 20 deberá acudir a alguna consulta médica, general o preventiva, sobre todo si lleva meses dándole vueltas a la cabeza por lo que puede padecer; esto se debe a la incidencia de los dos eclipses del año, los cuales caen en sus dos sectores de salud, que también estarán activados hacia las fiestas y en enero del 2020. Los nacidos durante los primeros días del signo podrán tener cualquier situación bajo un mayor control.

Hacia finales de noviembre podrá clausurar alguna etapa con un buen tratamiento. La entrada de Marte en el sector el 6 de diciembre implicará un mayor vigor, que posiblemente necesitará para sus tareas, pero, durante el intervalo entre el puente y las fiestas, las disposiciones de ciertos planetas se unirán para hacer tambalear los esfuerzos que había hecho para mantener el equilibrio.

Economía y vida laboral

Primer trimestre

La presencia de Marte durante seis meses en su signo lo hará más ambicioso de lo normal. Este hecho se añade a su talante natural, que se resiste a aceptar situaciones estancas y a causar daño a otras personas; sin embargo, deberá cuidar los métodos que utiliza porque, a ojos de los demás, este sentimiento de nobleza puede que no se comprenda fácilmente. La disposición de los eclipses durante este año afecta a las áreas de la gente a su cargo y a los pequeños detalles de su vida laboral cotidiana, acentuados durante enero.

A partir de mediados de febrero, tendrá varias reuniones importantes donde se discutirá el camino a seguir, puntualmente o durante gran parte del año. Los Leo nacidos en los últimos días del signo tendrán mayor tendencia a ejercer un contraste de pareceres o a tener una visión poca realista de la situación, e incluso pueden llegar a disentir de estos cambios.

El mes de marzo será especial, pues en él se alcanzará una serie de logros que serán adecuados para todo lo que vaya sucediendo, lo que parece indicar que habrá un cierto margen de confianza. El inicio de la primavera marcará un tiempo en el que los esfuerzos para ahorrar costes, lidiar con gravámenes o mejorar los ingresos se verán compensados. Para algunos Leo, esto puede producirse donde menos se lo esperan.

Segundo trimestre

Sigue el buen momento para dedicarse a los negocios propios o para conducir los de los equipos o frentes en los que está metido; sin embargo, dada la situación, la flexibilidad y el cambio de ritmo serán la tónica habitual y, seguramente, descargará la presión que recae encima suyo sobre sus subordinados, lo que puede producir algún conflicto.

Gracias a estos movimientos, puede que en este periodo llegue a conocer cómo mejorar el pago de sus deudas, impuestos o préstamos. Algunas de estas posibilidades se llevarán a efecto durante este año para mejorar anteriores condiciones más irregulares u onerosas.

Algunos Leo, debido a sus actividades, viajarán bastante; otros, simplemente, estarán más pendientes de la situación internacional, ya sea en el empleo o en sus asuntos particulares.

Hacia junio habrá una mejora de la pequeña economía y puede que realice algunas compras de importancia en lo profesional o en lo privado.

Tercer trimestre

En julio, su economía personal verá muchas entradas y salidas debido a obligaciones contraídas o a problemas de carácter particular. Tendrá que realizar ciertas disposiciones y reestructuraciones si tiene que delegar funciones de cara a las vacaciones.

Al entrar el Sol en su signo, el 23 de julio puede dar por concluida una etapa en sus asuntos laborales y decir adiós a las preocupaciones originadas por el dinero. Es posible que durante la última parte de julio, o incluso en el mes de agosto, algún viaje a un lugar lejano pueda estar conectado a los negocios.

Cuarto trimestre

Es posible que se vea involucrado, si no lo está ya, en asuntos de selección de personal o en la creación de una nueva dinámica de un grupo. Para otros Leo, esto indicará una nueva ocupación, en la que puede ser bastante útil su experiencia personal o que puede satisfacer otra vena de su potencial.

A principios de octubre, no lo tendrá todo a favor y habrá asuntos que llevará bajo una gran presión y que escaparán a su control; no obstante, este bache no significa que sus asuntos no estén bien encaminados, especialmente los nacidos durante los primeros días del signo.

Durante gran parte de noviembre las cosas continuarán igual, pero habrá una mayor capacidad de reacción.

Hasta finales de año se mantendrá un estado positivo en los cobros, las refinanciaciones, los arreglos para los pagos o el rendimiento de unas inversiones. A partir de aquí, este sector, expuesto a las taquicardias de los últimos años, se verá más libre, excepto, quizá, para los nacidos en los últimos días del signo.

Vida familiar

Primer trimestre

Su signo es el menos dispuesto a cambiar sus patrones y, sin embargo, espera que los cambien los demás, lo que crea situaciones tensas en las relaciones familiares, especialmente si usted es hombre. Además, posee una cierta predisposición a tener problemas de fondo con alguien, sobre todo con un hijo, por lo que, hasta el verano, se producirán algunos movimientos sísmicos de diversa intensidad.

Por otra parte, Marte provoca que su carácter tire hacia lo bronco y pase fácilmente de la comedia al drama, sin términos medios. A medida que pase enero, puede que decaiga la confianza en su pareja para que se encargue de algunas cosas. El mes se cerrará con una confrontación conyugal y, a partir de ahí, todo se calmará un poco. A lo largo de febrero habrá más dinero disponible y su pareja podrá iniciar algunas obras o similares que impliquen un gasto notable; esto hará que los problemas conyugales se alivien relativamente. A caballo entre febrero y marzo, usted se mostrará generoso con sus hijos y sus relaciones domésticas fluirán como un río taoísta. En marzo volverá a haber una inyección de fondos y la aportación de su pareja ayudará a cerrar el invierno. En cuestión de salud, cada cual aguantará su vela.

Segundo trimestre

Vuelve un periodo en que se mostrará calculador y bastante reacio a la hora de repartir el dinero; puede montar algún escándalo por los gastos en aquello que usted considera una menudencia. Desde comienzos de abril hará esfuerzos para que sus hijos remen mejor en el amplio mar de sus asignaturas, pero no estará exento de alguna decepción, más parcial que total, a medida que se acerque el final del curso.

Aunque durante la segunda mitad de mayo estará bastante ocupado, a partir de junio querrá disfrutar de su casa el poco tiempo que esté en ella. Este mes acaba con unas corrientes planetarias completamente nuevas que se darán en gran parte del verano, por lo que finaliza un periodo sin cerrarse del todo lo referido a las relaciones de pareja. También cambiará sus pensamientos sobre sus hijos y, ya sea hombre o mujer, verá que sus vástagos se dirigen a usted de manera diferente, de una forma individual, no familiar. La cuestión principal se encuentra en el grado de compromiso que tenga con su pareja.

Tercer trimestre

Se trata de un verano muy especial; de hecho, está en su mes y, con su pareja, pueden decidir realizar las vacaciones tanto de forma conjunta como por separado; quizá puedan combinarse las dos fórmulas, con grandes posibilidades de viajar, si tienen hijos mayores, para visitar a algún pariente o ser querido que viva lejos. Cuanto más fuera del cliché habitual de verano se encuentre, más comprenderá qué le une a su pareja y qué le separa de ella. Los nacidos durante los últimos días del signo estarán más expuestos a no ver las cosas nada claras, quizá porque les preocupa más otra área de su vida y no están por la labor de arreglar esta.

Ya desde finales de agosto y a la vuelta de las vacaciones, si usted no muestra inflexibilidad, cada cual adoptará su papel y lo ejercerá a su manera para formar un esquema que puede durar años. Si estos ritmos que se dan en lo familiar, no le satisfacen, pueden ser causa de una considerable contrariedad emotiva, lo que le impulsará a realizar aspectos de su vida fuera de su casa, pero sin dejar de tener un pie en ella.

Cuarto trimestre

Este periodo le irá muy bien a sus actividades; de hecho, no puede quejarse del año en sí. Hasta el fin de semana del 20 y 21 de noviembre, la Luna llena señalará el punto álgido de todo aquello que tenía pensado hacer relativo al hogar y a los hijos; después, podrá contar con una mayor capacidad de maniobra para sus propios asuntos y organizará muy bien sus tiempos. Los niños parecerán más desapegados de lo que sucede en el interior de la pareja, a no ser que necesiten de tanto en tanto algún tipo de ayuda. De todas formas, a partir del 23 de noviembre y hasta casi las fiestas de Navidad, el Sol, como cada año, pasará por el sector que está relacionado con ellos. Quizá se vea forzado a cambiar de postura, que a veces es muy radical, para intentar suavizar esos prontos, ya que Venus pasará por su sector del hogar durante todo este periodo. Evite las injerencias de los demás en sus asuntos privados, ya que pueden malinterpretar lo que vean o hayan creído ver dentro de su leonera.

Se acerca Navidad y habrá un punto de tensión entre un hijo y su pareja. De hecho, en mitad del puente de diciembre, puede suceder algún suceso significativo con él, que le habrá hecho reflexionar; en el ínterin irá puliendo sus temores y sus sentimientos para recuperar el espacio psicológico dentro del plano familiar.

www.ingramcontent.com/pod-product-compliance
Lightning Source LLC
Chambersburg PA
CBHW060207050426
42446CB00013B/3021